RICARDO VIVEIROS

EMPREENDER É VIVER

A trajetória de **Alencar Burti**

Gente editora

DIRETORA
Rosely Boschini

GERENTE EDITORIAL
Marília Chaves

EDITORA E SUPERVISORA DE PRODUÇÃO EDITORIAL
Rosângela de Araujo Pinheiro Barbosa

ASSISTENTES EDITORIAIS
César Carvalho e Natália Mori Marques

CONTROLE DE PRODUÇÃO
Karina Groschitz

PRODUÇÃO EDITORIAL
Ada Caperuto

PROJETO GRÁFICO E DIAGRAMAÇÃO
Cesar Mangiacavalli

ENTREVISTAS E PESQUISAS
Juliana Tavares, Laura de Araújo,
Letícia Cardoso e Ricardo Viveiros

REVISÃO
Marcia Nunes
Vero Verbo Serviços Editoriais

CAPA
Cesar Mangiacavalli

EMPREENDER É VIVER.
A TRAJETÓRIA DE ALENCAR BURTI

Rua Pedro Soares de Almeida, 114
São Paulo, SP - CEP 05029-030
Tel: (11) 3670-2500
Site: http://www.editoragente.com.br

Este livro foi impresso pelas Edições Loyola em papel miolo Pólen Soft 80 g.

Dados Internacionais de Catalogação na Publicação (CIP)
Angélica Ilacqua CRB-8/7057

Viveiros, Ricardo
Empreender é viver : a trajetória de Alencar Burti / Ricardo Viveiros. - São Paulo : Editora Gente, 2016.
192 p. : il., color.

Bibliografia
ISBN 978-85-452-0117-5

1. Burti, Alencar,1930- Biografia 2. Empreendedores - Brasil - Biografia 3. Empreendedorismo 4. Líderes I. Título

CDD 926.58

16-0866

Índices para catálogo sistemático:

1. Empresários : Brasil : Biografia 926.58

Sumário

"A viagem não acaba nunca. Só os viajantes acabam. E mesmo estes podem prolongar-se em memória, em lembrança, em narrativa. Quando o visitante sentou na areia da praia e disse: 'Não há mais o que ver', sabia que não era assim. O fim de uma viagem é apenas o começo de outra. É preciso voltar aos passos que foram dados, para repetir e para traçar caminhos novos ao lado deles. É preciso ver o que não foi visto. É preciso recomeçar a viagem. Sempre."

José Saramago

Apresentação

Por que uma pessoa vive?

Simplesmente por existir e, assim, alimentar-se, fazer coisas, dormir, procriar... enquanto o tempo vai passando em brancas nuvens entre o nascer e o morrer.

Essa pode ser uma resposta certa para a grande maioria. Mas não para todos.

Desde sempre, o homem questiona sua existência, procura desvendar – pela ciência, religião ou mística – a origem e o significado da vida e da morte. Além disso, os animais, em geral, também demonstram apego ao poder. Os irracionais o têm pela força, na busca da preservação da espécie; já os racionais o conquistam e exercem pela inteligência, pela capacidade de liderança.

Chegará o tempo no qual, como acreditam os trans-humanistas, o homem poderá passar da natural evolução biológica para a artificial cibernética? Poderíamos nos tornar máquinas inteligentes e responsáveis, capazes de criar e produzir? Seria, assim, o fim da existência humana?

Pode ser.

O filósofo alemão Friedrich Nietzsche disse que "fazer grandes coisas é difícil, mas comandar grandes coisas é ainda mais difícil". Nesse caso, tanto faz o homem ou a máquina.

E o dia a dia da massa cumpre sua rotina, segue pelos mesmos caminhos muito além do livre pensar. Não faz novas escolhas.

Certas pessoas, no meu modesto entender, deveriam ser proibidas de comemorar o aniversário. Porque um ano passa atrás do outro e elas não fazem nada por si mesmas, pelas famílias, pela sociedade, pelo seu país, pelo mundo. Apenas permanecem vivas, cumprindo a monótona tarefa de existir.

Outras, entretanto, deveriam ter o aniversário comemorado como se fosse feriado nacional, em alguns casos, até mesmo internacional. Porque elas são as que vivem, criam e realizam algo além de seus interesses e beneficiam a todos com sua inteligência, coragem, talento e brilho. Fazem a vida ser melhor para todos.

Alencar Burti está entre os poucos desse último grupo. Basta conhecer sua história de lutas, conquistas e superação. Ele deu a São Paulo e ao Brasil tantas importantes vitórias coletivas. Vale a pena conhecer suas realizações que beneficiaram, de maneira concreta, tantas pessoas. E sem interesses pessoais, com absoluta transparência.

Burti é um empreendedor nato. Um gerador de felicidade coletiva. Um homem que vive produzindo, sempre com criatividade, ética e eficiência, a partir da consciência de que não somos apenas peças isoladas de uma grande e complexa engrenagem. Ele descobriu, desde bem cedo e da maneira mais dura, que é preciso viver em perfeita harmonia com o próximo. Que a solidão não é boa companheira.

Sua trajetória, que conto neste livro, comprova isso. Para ele não importa se é homem ou máquina, natural ou cibernético, o que vale mesmo é ser responsável por si mesmo e pelo próximo, aprender sempre, ter paixão pela vida e trabalhar para todos. Unir para progredir. Fazer e comandar grandes coisas.

Alencar Burti, que eu entrevistei muitas vezes quando repórter em diferentes meios e veículos de comunicação, é um personagem muito especial. Por isso nasceu este livro que registra para a eternidade seu digno exemplo de que viver vale a pena quando – como ele fez, faz e seguirá fazendo – o olhar ultrapassa o aparente limite de si mesmo e viaja, nas asas do vento, fazendo o bem mundo afora. Gerando felicidade.

Com vocês, leitores, Alencar Burti.

Ricardo Viveiros

Prefácio

Com sua costumeira objetividade e diagnóstico certeiro, olhou para a elegante senhora e disparou:

– Os brincos dela são falsos. Não são joias. Pura imitação. Mas o colar é verdadeiro – de esmeraldas maravilhosas.

Esse é o Alencar que sempre conheci. Um homem objetivo, direto, pragmático, com uma imensidão de conhecimentos adquiridos na vida prática, como o de joias, com o que trabalhou por muitos anos.

O leitor que não o conhece vai se deliciar com esta magistral biografia. Ela retrata uma vida exemplar. Começou a trabalhar com 10 anos, como entregador, e conquistou uma das carreiras mais brilhantes do Brasil. Suas realizações não se limitam aos negócios e às empresas que administra. Ao contrário, é no campo do associativismo que ele vem marcando presença proeminente no cenário nacional.

Alencar estudou menos do que desejou, mas realizou muito mais do que sonhou. Como perdeu sua mãe muito cedo, ele teve uma infância marcada pela migração de casa em casa, de família em família. Por sua vez, foram as incertezas iniciais da sua vida que deram a ele uma enorme capacidade de autogovernar-se e de jamais esperar que seus problemas venham a ser resolvidos por outros. Essa é a marca registrada de Alencar Burti: um homem determinado, objetivo e realizador. Para cada dificuldade, tem uma solução. Ele é assim mesmo. Nunca o vi pondo a culpa nos outros pelos problemas que são dele mesmo.

O vasto conhecimento sobre joias que o fez disparar o diagnóstico antes referido foi adquirido no decorrer de um longo exercício das atividades de balconista, gerente e, depois, proprietário de elegantes lojas em São Paulo, as quais marcaram a história desta cidade.

Mas, para Alencar, a joia mais preciosa de todos os tempos sempre foi o ser humano. Cedo na vida aprendeu a valorizar as pessoas de bom caráter, as que trabalham sem preguiça e as que dedicam parte de seu tempo ao bem-estar do próximo. É com esse espírito que, até hoje, ele trabalha em diversas obras sociais.

Alencar é um homem eminentemente intuitivo. A intuição é um mistério. Muitos são os psicólogos que dedicaram a vida para descobrir como estimular a intuição – e sempre sem sucesso. Para ele, tudo começa com a intuição. Em seguida, surgem os conceitos. E, finalmente, as ideias, teses e ações práticas. Alencar Burti é um brasileiro que aprendeu a tocar de ouvido, mas, com a larga experiência da universidade da vida, compõe belas sinfonias...

Propelido por essa invejável intuição, Alencar percebe de longe o gosto e as idiossincrasias das pessoas com as quais se relaciona. É com isso que atrai e cultiva fregueses e clientes, amigos e colegas, crentes e descrentes. E, para completar, ele tem uma conversa marcada pelo carinho genuíno, cercada por muita atenção e inteligente humor. Durante todo o nosso convívio – de mais de 40 anos! – nunca o vi falando de modo ríspido e desrespeitoso. Com a sua conhecida sedução, conquista e gera o respeito de todos. Vários são os depoimentos de administradores, políticos e governantes relatados nesta biografia, referindo-se à sensibilidade e ao tratamento afetuoso encontrados em Alencar Burti.

Conto mais uma de sua invejável intuição. Ao perceber a busca de participação das mulheres na sociedade moderna, ainda nos idos da década de 1960, Alencar vislumbrou que, mais cedo ou mais tarde, as namoradas e esposas passariam a aspirar a propriedade de um automóvel, além das joias com as quais sempre trabalhou. Foi com essa percepção que ele partiu para as atividades do setor automobilístico, criando várias empresas e entidades de classe e se transformando em um líder de grande influência na política econômica do setor automotivo, incluindo-se aqui as máquinas e os equipamentos agrícolas.

No exercício de sua cidadania e exercendo diversos cargos em entidades de representação empresarial, Alencar sempre teve seu pensamento voltado para a necessidade de estimular a produção e amparar o consumo, pois só assim surgem os empregos para atender a população. Lembro-me bem das reuniões de um conselho de autorregulação bancária, do qual fomos integrantes. Não havia uma só reunião sem que ele deixasse de lembrar os banqueiros de que a sua função primordial é financiar a produção e o consumo e manter as taxas de juros à altura das possibilidades dos produtores e dos consumidores.

Alencar nasceu para liderar. Desde cedo, tornou-se um líder respeitado pelos seus atos. A sua liderança advém da inusitada capacidade de aglutinar pessoas, abordadas sempre com atenção e respeito, com espírito otimista e vontade de construir. Para ele, não existem contendores ou adversários. Com poucas palavras e com muito afeto, ele os leva a convergir as divergências.

Ao longo de sua vida de administrador exemplar, Alencar sempre se aprofundou no entendimento dos problemas brasileiros, dedicando o melhor de si para encontrar uma solução. Assim foi no Sebrae-SP, na Associação Comercial do Estado de São Paulo (ACSP) e em várias outras entidades que ele dirigiu e dirige. Quanto mais difícil é a conjuntura econômica, social ou política, mais os associados buscam a palavra otimista e inteligente de Alencar Burti. Ele é, sem dúvida, um homem de alto poder agregador e, ao mesmo tempo, batalhador continuado em prol de um Brasil melhor. A sua luta contra os exageros da carga tributária e da legislação trabalhista esteve sempre presente e até hoje constitui um norte para a sua ação diária. Certo dia me disse:

– Amigo Pastore, assim como montamos o "impostômetro" para denunciar a gula do governo por impostos e contribuições, teremos de criar um "encargômetro" para denunciar os exageros dos encargos sociais no Brasil que ultrapassam a casa dos 100% dos salários dos trabalhadores. Um absurdo!

Lapidado pela prática do dia a dia, Alencar chegou a ter uma visão panorâmica da economia brasileira e do processo de globalização moderna, criticando as suas falácias, quando apropriado, e enaltecendo a importância da liberdade para quem investe e gera empregos. Ao longo de sua vida, ele sempre foi procurado por representantes de países de todos os cantos do mundo. É incrível o seu poder de atração. Não é para menos, pois nunca fala antes de estudar muito bem um assunto. Por isso, quando fala, seus argumentos soam sólidos e com muito fundamento.

Alencar nunca teve medo do trabalho. Sempre foi o primeiro a chegar e o último a sair de todos os lugares onde trabalhou e assim faz até hoje. E nunca faltou tempo para dedicar-se à cidade de São Paulo, que ele tanto ama.

Como esposo e como pai, Alencar desfruta de uma família exemplar, por ele cultivada com o mesmo carinho, o que fez nascerem ali os mesmos valores de retidão de conduta que orientaram a sua vida. Educou seus quatro filhos dentro da sua filosofia de valorizar e se dedicar intensamente ao trabalho, respeitando rigorosamente os princípios da ética e da moral.

Em boa hora, Ricardo Viveiros decidiu escrever esta bela biografia. E escolheu o homem certo para o momento atual, quando nos ressentimos de pessoas que trabalham com amor ao País e orientados pela conduta de austeridade e respeito às leis e à Carta Magna.

Boa leitura!

Prof. José Pastore
Universidade de São Paulo (USP)

CAPÍTULO 1

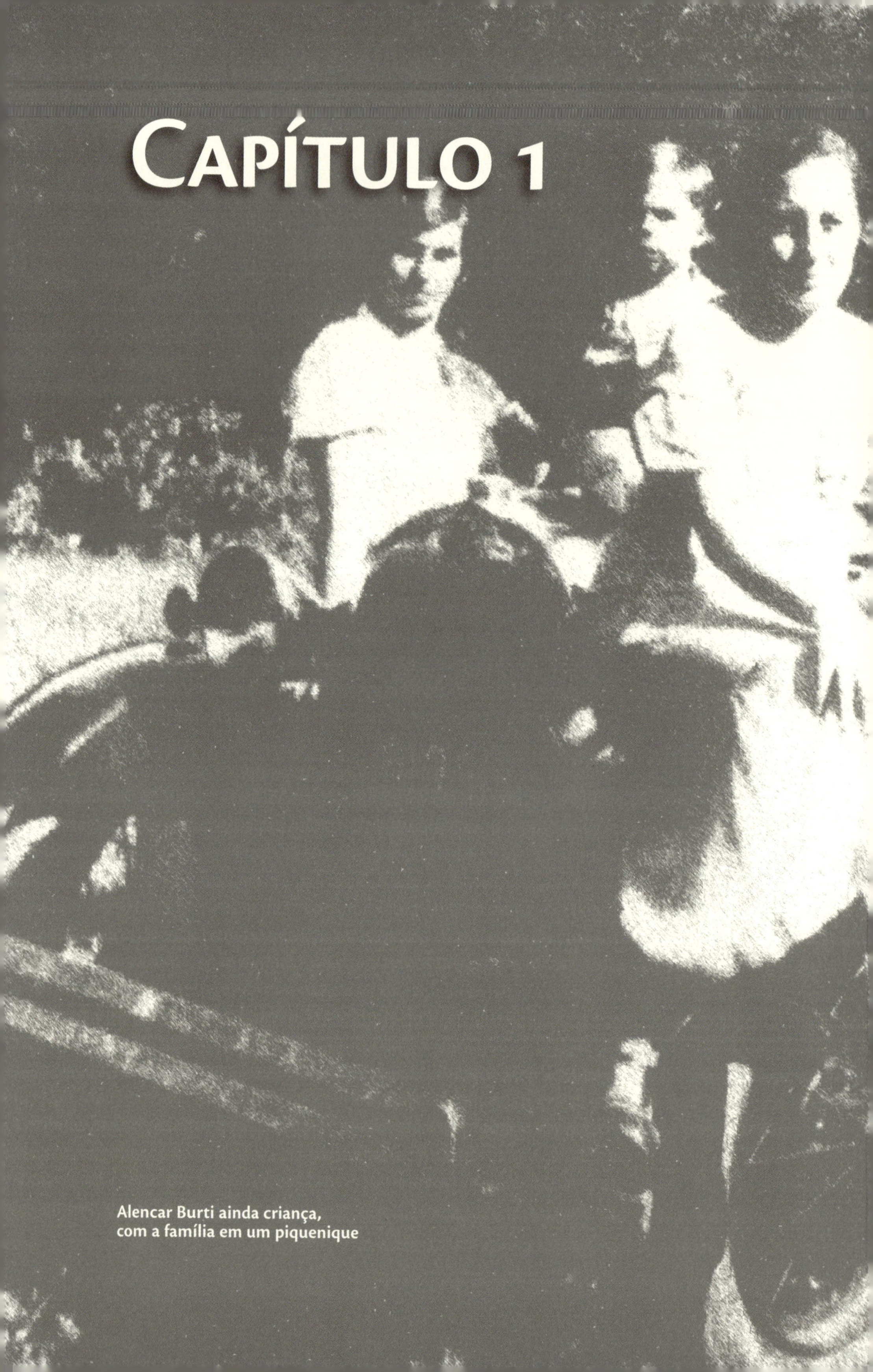

Alencar Burti ainda criança,
com a família em um piquenique

Capítulo 1

A pensão, o Bexiga e a cidade de São Paulo

Um vencedor.

É assim que costumamos definir alguém que, nascido em condições modestas ou mesmo humildes, consegue alcançar o sucesso pessoal e profissional apenas e tão somente com inteligência, criatividade e esforço do próprio trabalho. Aquele que sobe a pulso a corda da vida.

Essa, a rigor, é a definição que o senso comum emprega. Conquistar, vencer e alcançar objetivos e metas representam também o resultado obtido por aqueles que sabem cativar, angariar, cooptar e, por que não, encantar. E que agem movidos por interesses maiores, sabendo agregar pessoas em torno de causas coletivas, sempre agindo com ética.

E essa definição é a que melhor se encaixa ao perfil de Alencar Burti, um bem-sucedido empresário brasileiro que começou com um pequeno negócio, a exemplo de muitos outros. Com mérito próprio, avançou e se tornou respeitado. Mas, antes de tudo, Burti foi e sempre será um grande vendedor. Não de coisas, mas de ideias e ideais. Alguém que sonha grande e realiza na mesma intensidade. Afinal, se é sonho, por que ser pequeno?

Ele foi influenciado, fortemente, pelo meio no qual transcorreram os seus primeiros anos de vida. Colheu o melhor fruto dessa interação com pessoas, situações e circunstâncias. Desse caldo de tempo e espaço, retirou bons e maus exemplos. Cabe, a cada um, discernir entre aquilo que serve ou não para alcançar seus sonhos. Foi assim com Alencar Burti, que demonstrou, ainda muito jovem, sua capacidade de escolher os rumos certos para o futuro. Ainda era apenas um menino, na capital paulista, em meados da década de 1930, uma cidade então inserida em um contexto de desenvolvimento, com bairros pouco povoados, quando acreditou em si mesmo e no Brasil.

O cambuci é uma fruta de casca lisa e verde, com a polpa carnosa e ácida como o limão. Natural da Mata Atlântica, houve um tempo em que a árvore era abundante na cidade de São Paulo, e seu fruto largamente utilizado nos primórdios da culinária paulista, sobretudo na fabricação de bebidas e compotas. Sua madeira, por outro lado, era utilizada na fabricação de móveis. O uso intensivo de uma árvore nativa perde a estranheza que possa ter aos olhos do observador de hoje ao lembrarmos que a mata original vinha do litoral do estado, subia a Serra do Mar e adentrava o planalto. Na realidade, de tão abundante no caminho entre o mar e a grande cidade, a fruta deu nome a um bairro da nascente capital paulista.

Foi ali, no lugar de ruas largas ocupadas por casas baixas e alguns galpões industriais, povoadas majoritariamente por imigrantes italianos e sírios, que nasceu Burti, em 12 de agosto de 1930, o único filho do casal Augusta e João Burti.

Assim como muitas crianças paulistanas daquela época, Burti fazia parte das primeiras gerações de descendentes brasileiros das famílias de todos os povos que escolheram "fazer a América", em busca de uma vida melhor. Neste caso, a família era a junção de dois ramos, cujas raízes se encontravam em diferentes pontos da Europa.

Augusta Leonardo, portuguesa da freguesia de São Vicente da Beira – vilarejo fundado no século XII e localizado próximo à fronteira com a Espanha –, emigrara da terra natal para o Brasil com a família, ainda criança. Por sua vez, João era uma das 14 crianças nascidas

Linha do Tempo

1930
Nascimento, em 12 de agosto

1943
Começa a trabalhar na joalheria de seu tio

1944
Morte da avó - Burti passa a viver em diferentes casas

1947
Conclui o curso Secundário, aos 17 anos

na casa dos italianos Rosália e Giuseppe Burti. Oriundos da região da Calábria, reconhecida pela alegria de seu povo de coração e sangue "quente", apreciador de vinho e amante da música, os dois vieram para o País ainda no fim do século XIX.

Com eles vieram muitos outros: entre 1876 e 1920, auge da imigração italiana, 114 mil calabreses aportaram no Brasil. Saídos de uma Itália pobre e rural, ao contrário dos vizinhos do Norte industrializado, essa população não aspirava à vida de pequenos proprietários rurais e não se fixou no campo. A maioria preferia buscar as possibilidades da vida urbana. E a cidade de São Paulo, no início do século XX, em pleno crescimento da indústria e do setor de serviços, oferecia-lhes muitas oportunidades.

Mas a união da pequena e jovem família Burti seria curta. Augusta faleceu em 1933, aos 26 anos. Cerca de dois anos depois, João se casou novamente, e a ligação entre os lados português e italiano da família se rompeu. Os avós portugueses de Burti não aceitavam a nova união do genro, mesmo que viúvo. A solução foi o afastamento definitivo – inclusive do neto. Sem Augusta, os laços que os mantinham atados perderam a força. Da mãe, Burti guardaria um único fragmento na memória: uma "bronca". Aos três anos, pouco antes de se tornar órfão, ele foi flagrado ao mexer em uma gaveta qualquer no banheiro do apartamento onde eles moravam, na avenida Ipiranga. Assustada porque ali guardava remédios, dona Augusta deu-lhe uma descompostura em tom firme. Foi o suficiente para provocar essa valiosa e única lembrança no menino.

Foi nessas condições que João Burti iniciou um novo capítulo de sua vida ao lado de Emilia Matera, filha de italianos como ele. O casal foi viver na rua Pamplona, e João fez então um acordo com a sua mãe, Rosália, que mantinha uma pequena pensão para estudantes no bairro do Bexiga: o menino Burti, que acabara de completar quatro anos, viveria lá. As despesas de acomodação e alimentação, de 200 réis mensais, além do colégio, seriam pagas por ele.

Hábil nos negócios, João explorava uma das paixões dos brasileiros: as apostas. Na época, o jogo do bicho gozava de um status de relativa legalidade e, ao contrário de hoje, era seguramente mais tolerado. Por tal motivo, havia muitas casas de apostas que funcionavam abertamente, às vistas das autoridades. João era dono de um desses pontos, chamado A Vantajosa. Bem localizada na São Paulo dos anos 1930, a casa ficava na rua Boa Vista, perto do Theatro Municipal, em pleno centro antigo da cidade.

Enquanto isso, o arranjo da transferência do pequeno Burti funcionou para todos, sobretudo para o menino. E foi na pensão comandada pela avó, na rua Genebra, onde ele cresceu.

O dia começava cedo na pensão da dona Rosália – inclusive para seu neto. Dos cinco aos 10 anos, Burti seguiu uma rotina praticamente idêntica todas as manhãs: acordava, tomava café com leite, comia uma fatia de pão com manteiga e iniciava uma caminhada de 2 km pelo centro da cidade, até a rua Martiniano de Carvalho, no bairro vizinho da Bela Vista – cujas fronteiras até hoje se confundem com as do emblemático Bexiga. Ali ficava o Colégio Santo Alberto, instituição anexa à Basílica Nossa Senhora do Carmo, dirigida por padres carmelitas. Ele frequentou a escola dos religiosos até o quarto ano do antigo Primário (hoje Ensino Fundamental I).

Em casa, na falta da mãe e de irmãos, além da avó, outros membros da família também cumpriam o papel de dar-lhe educação. Dos 12 filhos que alcançaram a idade adulta, dona Rosália vivia então com três deles: os caçulas, Gioconda e Arnaldo, e também Elvira, que andava na casa dos 20 anos e tantos. Responsável e comprometida com o bom funcionamento da pensão, auxiliava a mãe e a cozinheira nas tarefas da casa, que contava, ao todo, com dez hóspedes.

Além do compromisso com o ambiente doméstico por ser a filha mais velha e ainda solteira, Elvira acumulava a função de madrinha do sobrinho Alencar Burti. Na prática, exercer esse papel significava ter que lidar com alguns fatores não tão agradáveis da educação de uma criança: ensinar lições e, se necessário, dar conta de alguns lembretes para forjar o bom caráter no menino, então aplicados na forma de castigos corporais. O temperamento forte da madrinha e o espírito do afilhado, cujo apelido era "Fuzarqueiro", fizeram com que, durante a primeira infância de Burti, as surras não fossem raras.

Elvira Burti tinha a quem puxar no jeito durão e decidido. A italiana Rosália, mesmo cega de um dos olhos – numa época ainda distante da cirurgia de remoção da catarata – e sem ter aprendido a ler e escrever, era o verdadeiro arrimo da casa, ao redor de quem todos os outros orbitavam. Sobretudo o marido, um sujeito afável, porém boa vida, que nunca se fixava em emprego algum.

A matriarca comandava o funcionamento da pensão com astúcia e enorme senso de organização. Os gastos com a casa e o dinheiro que entrava das mensalidades dos hóspedes eram registrados em uma caderneta. A luta da senhora Burti para sustentar a casa a levou para além da pensão. Com a ajuda financeira de seu cunhado, Vicente, Rosália passou a comandar um pequeno armazém no fim da década de 1930. O Empório Cibilo ficava na rua Pamplona, que começa na Bela Vista, sobe na direção da avenida Paulista e a atravessa, descendo na direção dos Jardins – na época, um bairro que começava a ser loteado e ocupado pelas espaçosas casas da classe alta. O filho Arnaldo era o responsável pelo negócio na ausência da mãe, e Alencar Burti, aos 10 anos, fazia as vezes de entregador – tarefa que o levou a comprar uma velha bicicleta, abandonada logo em seguida, porque não havia dinheiro para pagar os reparos necessários. A verdade é que a empreitada da avó no comércio não dera muito certo e isso tornou brevíssima a carreira profissional do menino.

Os jovens Gioconda e Arnaldo tinham poucos anos de diferença do sobrinho. Isso gerava uma forte relação de afinidades, até mesmo nas preferências pessoais, como o gosto pela música. Desde muito cedo, Burti manifestava seu interesse pelo som ao apontar para o velho gramofone da RCA Victor, onde rodavam os discos negros de 12 polegadas. Tia Gioconda logo entendia e ensaiava alguns passos de dança com o garotinho de cinco anos, que cantava, à sua maneira, no tatibitate de criança, músicas como "Deixa a lua sossegada", marchinha do Carnaval de 1935, composta por João de Barro e Alberto Ribeiro:

> *Deixa a lua sossegada*
> *É madrugada, de longe eu vim,*
> *deixe a lua sossegada*
> *e olhe pra mim.*

E "Pierrô Apaixonado", de Noel Rosa:

> *Um pierrô apaixonado,*
> *que vivia só cantando*
> *por causa de uma colombina,*
> *acabou chorando, acabou chorando.*

O amor pela música só aumentaria no decorrer da infância, a ponto de, aos 12 anos, Burti manifestar a vontade de tomar aulas de piano. A conservadora família italiana, no entanto, acreditava que os artistas acabavam todos homossexuais ou alcoólatras, por isso negou o pedido do menino, o que de maneira alguma o afastou da música ou dos artistas. Apesar do dinheiro bem curto, nos anos que seguiram, quando já trabalhava de verdade, o jovem Burti sempre dava um jeito de bancar os ingressos para os recitais e óperas que aconteciam no Theatro Municipal. Por esse motivo, foi testemunha da passagem pela capital paulista, nos anos 1940, de nomes – e vozes – como os das sopranos Renata Tebaldi e Maria Callas, e do tenor Beniamino Gigli. Outra parte de seu orçamento pessoal iria para os discos de vinil (os LPs), tanto de artistas populares quanto de eruditos.

As canções tradicionais italianas também tinham seu lugar no repertório local. Em plena Era do Rádio, uma das principais fontes de entretenimento noturno estava na música, vinda muitas vezes não apenas do gramofone, mas também dos próprios hóspedes e membros da família Burti. A diversão era completada pelas histórias e piadas contadas na animada roda. Por conta desse tipo de atividade e da proximidade com os jovens adultos vindos do interior, o menino Burti amadureceu cedo. Além dos colegas de escola, ele passava boa parte do tempo livre entre os hóspedes da pensão da avó.

Um deles, tempos depois, se tornaria prefeito da cidade paulista de Pirassununga; outro de Descalvado, também no estado. Gente mais velha, que foi introduzindo-o pouco a pouco nos hábitos e responsabilidades da vida adulta – ainda que fosse apenas um garoto recém-saído da infância. Assim, o humor e o gosto pela conversa – que marcariam profundamente sua personalidade – tiveram sua origem e primeiro lugar de prática na pensão da avó.

Tio Arnaldo teve um papel especial no amadurecimento de Burti. Somente nove anos mais velho que o sobrinho, ele assumiu o papel de "irmão maior". Além de dividirem o mesmo quarto na pensão – junto com outros três hóspedes –, eles ajudavam dona Rosália nas tarefas do armazém e saíam em dupla para algumas aventuras pelas ruas da cidade.

A avenida Brigadeiro Luís Antônio, ainda no trecho da Bela Vista, era um dos lugares da região onde as moças e os rapazes da idade de Arnaldo se reuniam naquele começo dos anos 1940. O ponto em frente ao Cine Paramount era destinado ao footing das turmas de jovens. Isto é, andar de um lado para o outro pela rua em pequenos grupos, flertando e conversando com outros grupinhos. Arnaldo, bonitão e carismático, batia ponto nessas caminhadas. Burti conhecia bem a região do Paramount – cinema que, inaugurado em 1929, foi a primeira casa da América do Sul a exibir filmes falados. Era ali em frente que, todo fim de semana, ele tomava o bonde número 40 rumo à casa dos tios-avós Vicente e Virgínia, na rua Pamplona. O casal, que determinava os membros da família em situação mais confortável, dava ao menino dois réis. Com 1,50 ele fazia o caminho de volta e comprava um ingresso para o cinema. Com o troco, comprava um achocolatado na cantina do colégio, às segundas-feiras. As tardes, acompanhando o footing dos colegas mais velhos, no entanto, terminavam mais cedo para ele – que seguia seu rumo sozinho, assim que sobrava "segurando vela" nos namoricos dos maiores.

A turma do tio Arnaldo também apresentou o garoto ao mundo das, como eram chamadas na época, "troças". Certo dia, a turma chamou Burti e o intimou:

– *Você tem que falar um nome feio!*

Uma roda de sete ou oito rapazes de seus 20 anos se formou ao redor do menino de 11, que, embora sempre tenha sido levado, nunca tinha se comportado mal ou faltado com a educação. Foram vários minutos de pressão e provocações, até que ele soltou:

Puta merda!

O palavrão saiu, e Burti, em seguida, chorou por uma hora.

O jovem também recebia outro tipo de incentivo para amadurecer na marra. Desde os 13 anos, ele trabalhava na joalheria de seu tio Heitor – uma primeira experiência profissional que seria marcante na escolha futura do "Burti empreendedor".

A São Paulo do início dos anos 1940 vivia um período de veloz desenvolvimento, razão pela qual adotou o título de "cidade que mais cresce no mundo". E essa expansão acontecia em todas as direções. O Edifício Banespa, com 40 andares e 161 m de altura, foi erguido no encontro das ruas XV de Novembro e São Bento, no centro. O maior arranha-céu da cidade era, até então, o seu vizinho, o Martinelli, de 130 m e 39 andares, levantado com orgulho pela família de mesmo nome.

Nos últimos 20 anos, a população da cidade passara de 580 mil para 1,326 milhão de habitantes, crescendo a uma taxa anual de 4,2%. Depois do reforço na mão de obra da cidade representado pelos imigrantes europeus, a cidade passara a receber também os migrantes das regiões Norte e Nordeste do Brasil. As linhas de ônibus começaram a se popularizar e, ao lado dos bondes e dos automóveis, conduziam os paulistanos entre distâncias cada vez maiores – uma vez que a área urbanizada também ia se estendendo. Novas e largas avenidas foram abertas, como a 9 de Julho e a 23 de Maio. A cidade se consolidava como uma metrópole viva e sofisticada. A região do Theatro Municipal e da rua Barão de Itapetininga, com suas livrarias e cafeterias, era frequentada por estudantes, intelectuais, funcionários públicos e profissionais liberais sempre bem-vestidos e alinhados.

No exterior, as maiores potências da Europa, América e Ásia se enfrentavam na Segunda Guerra Mundial (1939-1945). Burti, atento ao noticiário e com opiniões fortes em razão de sua precoce personalidade, entrava em acaloradas discussões políticas com os tios e hóspedes da pensão por conta do conflito entre os Aliados (Estados Unidos, Reino Unido e União Soviética e outros) e os do Eixo (Alemanha, Itália, Japão e outros).

Enquanto isso, as ruas do Bexiga continuavam com o mesmo aspecto das últimas décadas. Os casarios antigos, que começaram a ser construídos no fim do século XIX, eram ocupados por famílias numerosas, pensões e cortiços (habitações populares). Além dos italianos, que há mais de 40 anos ajudavam a moldar o bairro, continuavam lá os descendentes de escravos, que se instalaram ali tão logo a Lei Áurea foi assinada, em 1888. Por isso, além das cantinas e das músicas italianas, o Bexiga era também o lugar em São Paulo onde mais se ouviam samba e batuque. Outros grupos, como os japoneses, também marcavam presença naquele mundo tão fervilhante e diverso quanto a própria cidade.

Mas algumas coisas começariam a mudar no Bexiga. Em primeiro lugar, as surras de Elvira em Burti cessaram. Um dia, quando o menino de 12 anos estava em um dos quartos com uma família de hóspedes, a tia entrou para repreendê-lo por uma traquinagem qualquer. Daquela vez, no entanto, ele foi mais rápido, forte e decidido: segurou a mão da tia e disse com firmeza que ela nunca mais bateria nele. Foi o que bastou para que isso, de fato, nunca mais acontecesse e para que Burti conquistasse o pleno respeito da tia.

Rosália Burti faleceu em 1943, o que terminou de cindir a família. Elvira, já casada, foi viver com o marido em outro bairro. Burti ficou algum tempo pulando de casa em casa. Morou com a madrinha, que se casara com um sujeito violento e dado à bebida. Um dia, testemunhou um princípio de agressão, e dessa vez utilizou sua força a favor da tia. E avisou o sujeito:

– *Se você encostar a mão nela, eu te quebro!*

Mais uma vez sua firmeza funcionou e foi desnecessário chegar às vias de fato.

Mais tarde, Burti foi morar com o padrinho, Sebastião, e com o tio Arnaldo. E assim, entre um lugar e outro, viveu o jovem até completar 18 anos.

A pensão da avó foi, de fato, seu primeiro lar. Depois de tantas idas e vindas, a próxima casa que Burti pôde, enfim, chamar de sua ficava entre os bairros da Santa Cecília e dos Campos Elíseos, em frente a uma grande loja de eletrodomésticos. O apartamento de Burti, no décimo andar do Edifício Bourbon, esquina da avenida São João com a alameda Glete, foi o endereço de muitas noites de discos na vitrola e cigarros – além de algumas farras. O zelador do Bourbon, Pedro Espada, vivia com a esposa um andar acima de Burti e se tornou uma espécie de protetor do rapaz. O jeito mal-encarado, aliado ao fato de conhecer como ninguém aquele "treme-treme", certamente inspirava naqueles que o conheciam uma sensação de proteção. E, em quem não o conhecia, respeito e talvez, até mesmo, um pouco de receio.

Não que Burti fosse dependente da proteção física de terceiros. Como o episódio com o marido de tia Elvira deixara claro, ele sabia muito bem defender a si e a quem mais precisasse. Na mesma época em que se mudou para o Bourbon, intensificou a sua relação com o esporte. Anos antes, entre os 14 e os 16 anos, jogara como zagueiro e centroavante no time aspirante da Portuguesa de Desportos. Mas ele não ficaria apenas no futebol.

No fim da década de 1940, funcionava, no 25º andar do Edifício Martinelli, a Academia Ono, dos irmãos Yassuiti e Naoti Ono. As artes marciais eram, então, ilustres desconhecidas por boa parte das pessoas. Não surpreende. Afinal, os próprios irmãos Ono estavam entre os primeiros japoneses a praticar e ensinar o esporte no Brasil. O paulistano Jornal de Notícias publicava por aqueles dias um anúncio em tom de novidade:

Seja um homem forte!
Aprenda "Jiu-Jitsu" e defesa pessoal.
ACADEMIA "ONO"

Com a força que lhe era natural e muita disciplina, Burti passou a treinar diariamente. Na academia, conheceu um jovem chamado Renato Ferrari, que o acompanhava também em outros exercícios, como musculação e halteres, no Ginásio Atlas, uma das mais antigas academias dedicadas ao fisiculturismo em São Paulo. Depois dos treinos, os dois não dispensavam um copo de leite fresco na não menos tradicional Leiteria Paulista, fundada no século XIX.

As artes marciais fariam parte da vida de Burti durante muito tempo. Atleta dedicado, ele praticou também judô, alcançando a graduação máxima entre os praticantes do esporte: a obi (faixa) preta. Poucos anos depois, ele se tornaria professor na própria academia.

Os estudos de Burti, bancados pelo pai, continuaram até os seus 17 anos. O curso secundário, o antigo Ginasial, foi feito no Grupo Escolar Júlio Ribeiro, no Bexiga, mais exigente do que a instituição onde estudara anteriormente. O ensino médio, que se chamava Colegial, aconteceu no Ginásio Paulistano, na rua Taguá, bairro da Liberdade. Embora não fosse bom aluno em Matemática e Química, quando precisou optar entre os cursos Clássico (Ciências Humanas) e Científico (Exatas), ficou com a segunda opção.

Diante do pouco interesse que tinha pelas ciências exatas, a opção do jovem Burti só poderia ser justificada por uma admiração muito forte pelo exercício da Medicina, que vinha desde a infância. O responsável direto por esse sentimento era o dr. Gorga. Especialista no trato gastrointestinal e dono de um consultório particular na rua da Consolação, ele andava por todo o Bexiga, nos anos 1930, tratando quem precisasse – mesmo dos que não tinham dinheiro para pagar a consulta. A amizade que manteve com seu pai, João, e com muitos médicos também pesou a favor da decisão de fazer o Científico. Uma escolha equivocada, uma vez que, além da admiração pelo respeito e pela bondade exercida pelos médicos, não havia ali qualquer vocação para aquela área.

O negócio de Burti, ele sabia desde aquela época, estava bem distante dos estetoscópios, esparadrapos e remédios. Sua veia de empreendedor pulsava mais forte atrás do balcão, em particular quando somado a doses maciças de uma boa conversa. O negócio de Burti era vender, mas ele ainda não havia percebido...

Capítulo 2

Na juventude, ao lado de Werner Grau, pai de Eros Grau, que se tornou um grande amigo de Burti

Capítulo 2

Os dois lados do balcão

"Vender é uma questão de relacionamento e confiança. Você fala e precisa ser responsável pelo que diz."

O carioca Jacob Kauffmann tinha algumas coisas em comum com o seu jovem assistente. Uma delas era a orfandade precoce. Alencar Burti havia perdido a mãe muito cedo, Jacob não tinha pai desde quando ainda era quase um menino, em meados dos anos 1920. Outro ponto, no qual as duas histórias coincidiam, era quanto à idade, uma vez que, confrontados com as necessidades do mundo real, os dois se lançaram ao trabalho com 13 anos. Por fim, um terceiro aspecto. Assim como aconteceu com Kauffmann, Burti começava a desenvolver o amor pelas joias.

O ano era 1943, e Burti aprendia na Joalheria La Royale, propriedade de Kauffmann, suas primeiras lições sobre a relação com a clientela de um comércio e a complexidade do mágico mundo do ouro, dos diamantes e das pedras preciosas. A vida dura e modesta levada na pensão da avó, somada à convivência com os adultos, vieram a abreviar a infância e adiantar a maturidade do garoto. A rigor, isso significava que, com apenas 13 anos, depois da escola, suas tardes seriam preenchidas pelo trabalho. Mais do que o dinheiro que receberia, era uma forma de ocupar o tempo, aprender responsabilidades e se preparar para a vida. Com a rede de contatos formada pelos membros da família Burti, não foi difícil encontrar uma colocação para o menino.

O "padrinho" foi Heitor Giuliani, rapaz casado com tia Gioconda, filha caçula da avó Rosália. Ele próprio era dono de uma joalheria no centro da cidade e conhecia Kauffmann do ramo. Indicou o sobrinho para uma temporada na loja, localizada na estreita rua da Quitanda, entre as ruas São Bento e Direita, no centro antigo de São Paulo. Burti trabalhou na La Royale por seis meses. A prioridade era fazer o balanço das bijuterias. Mas aquelas tardes vividas no refinado ambiente da joalheria e no então movimentado ponto da cidade lhe ensinaram algumas outras habilidades. Entre uma verificação e outra do estoque, observava o trato com os fregueses e o vaivém das pessoas elegantes. As roupas dos clientes, inclusive, foram as primeiras marcas de uma importante descoberta: a elegância distingue as pessoas. O adolescente apressou-se a se adequar ao glamour, apesar do orçamento apertado...

Com 14 anos completos, apesar do novo aprendizado, Burti estava insatisfeito com a condição de aprendiz. Sem qualquer outro benefício trabalhista, que não o seu pagamento mensal, não tardou a encontrar outra oportunidade. Tão logo surgiu um novo emprego, o jovem despediu-se das joalherias – mas, como o destino é quem manda, ele logo veria esse "adeus" transformar-se apenas em "até logo".

Sempre equilibrando o colégio pela manhã com o trabalho à tarde, partiu para o segundo emprego. Dessa vez trabalharia para um dos hóspedes da pensão da avó. Estrangeiro chegado há pouco tempo no Brasil, o sujeito tocava um pequeno escritório de representações comerciais na rua Xavier de Toledo, também no centro velho da capital. A equipe era formada apenas pelo chefe e por Burti. Na ausência de datilógrafos, faxineiros e vendedores, o funcionário fazia um pouco de cada papel, dando conta de todas as tarefas do dia a dia no escritório. Em um tempo em que escrever à máquina era habilidade a ser aprendida em sala de aula e, arduamente, exercitada, Burti estudou datilografia em uma escola profissionalizante no bairro da Bela Vista (o popular Bexiga), com exatidão, na avenida Brigadeiro Luís Antônio, próximo da rua Riachuelo.

Linha do Tempo

❖1943
Primeiro emprego na Joalheria La Royale

❖1944
É vendedor (e "faz tudo") em uma firma de importação

❖1946
Começa a trabalhar na Joalheria Leal

❖1960
Funda sua primeira joalheria, a Monte Cristo

Se, por um lado, criou bolhas nos dedos de tanto martelar as duras teclas das bravas máquinas Remington, por outro, fez amizade com boa parte dos professores – como acontecia também com os que lhe davam aula no Ginásio Paulistano. Além de cumprir expediente no escritório, realizava visitas a diversas indústrias para vender artigos tão distintos quanto filtros e decalcomanias, dos quais o patrão era representante. Aos 15 anos, apesar de parrudo e de dominar os traquejos sociais dos adultos, era praticamente um menino. Talvez fosse o jeito confiante e seguro que despistava a pouca idade e lhe garantia livre trânsito entre fábricas e escritórios, que percorria de mala na mão mostrando os produtos e tirando os pedidos.

E se os dias comuns eram ocupados pela escola e pelo trabalho no escritório, nos fins de semana e épocas de festas Burti acumulava mais um compromisso profissional: a Joalheria Leal, propriedade do seu tio Heitor. O fascínio que as joias exerciam sobre ele, surgido na experiência com Jacob Kauffmann, continuava existindo e não dava sinal de que o deixaria. O que não era responsabilidade apenas das joias em si, e sim de tudo que elas representavam – para os dois lados do balcão. Tanto que foi com base nesse aspecto que Burti, aos 17 anos, escolheu que caminho tomaria a partir de então.

Em vias de terminar o colegial, sem perspectiva de ir para o ensino superior, Burti viu no tio Heitor um espelho daquilo que ele poderia ser.

– *Lá na pensão eu durmo em um quarto com mais cinco pessoas, e ele tem uma casa linda no Pacaembu* – raciocinava o rapaz. – *Mas eu não quero continuar nesta vida para sempre, quero ser igual a esse cara. Então, eu tenho que trabalhar.*

As joias ajudaram a fazer o Brasil. No início, porém, não se tratava de peças sofisticadas, elaboradas em ouro e pedras preciosas, como broches, colares, pulseiras e brincos. As joias emergiram na história do País com brutalidade e força, no interior de uma ainda inexplorada colônia.

O movimento começou no fim do século XVIII, quando, diante do declínio dos preços do açúcar no mercado internacional e da consequente queda da atividade nas capitanias do Nordeste, a Corte portuguesa começou a incentivar a busca por pedras e metais preciosos na colônia. A crença de que lá abrigava essas riquezas não era nova, pois apoiava-se em um precedente de peso: os territórios da Espanha. A diferença é que, enquanto os espanhóis encontraram ouro e prata já nos primeiros contatos com as civilizações Inca e Asteca, os portugueses não tiveram grande sucesso nas buscas iniciais. Por isso, enquanto eles carregavam navios e mais navios com metais preciosos para o seu rei, os portugueses se lançaram à exploração do pau-brasil e, posteriormente, à empreitada agrícola do açúcar. O jogo virou para os portugueses e brasileiros – vale lembrar que, à época, boa parte da população da vila de São Paulo de Piratininga era mestiça de índios e europeus – em 1697, quando foi descoberta na atual cidade de Taubaté, no Vale do Paraíba, uma das primeiras grandes jazidas de ouro no Brasil. Esta ainda maior que a anteriormente descoberta nos arredores de Santana de Parnaíba, hoje cidade da Grande São Paulo.

Foi dada a largada para a corrida pelo metal. Os auxílios financeiros e méritos oferecidos pela Coroa para aqueles que encontrassem grande quantidade de metais e pedras preciosas fizeram com que aventureiros do Brasil e de Portugal afluíssem aos garimpos, cada vez mais distantes do litoral. Haveria, no decorrer do século XVIII, uma verdadeira explosão demográfica. Estima-se que, no período, a população brasileira tenha passado de 300 mil para 3 milhões. Tropeiros vindos de localidades do Sul e do Nordeste abasteciam os mineiros de carne de sol, couro e artigos manufaturados. Os reflexos desse fluxo populacional moldaram boa parte dos atuais estados de Minas Gerais e Goiás, onde, entre montanhas e beiras dos rios, o ouro era peneirado. Lá surgiram ajuntamentos e vilas. Outras, como São João Del Rei, Mariana e Ouro Preto, nasceram em etapas posteriores do ciclo minerador, quando o ouro já não era tão fácil de explorar. O sucesso da atividade também se deveu em boa parte à mão de obra escrava, que teve durante o ciclo da mineração uma fase de incremento, devido, inclusive, ao aumento do tráfico de escravos. Os negros e mestiços africanos, aliás, correspondiam a cerca de dois terços da população brasileira.

A maior parte do ouro e das pedras era remetida à Europa. O Tratado de Methuen, firmado entre Inglaterra e Portugal em 1703, estabelecia que, enquanto os ingleses abastecessem os territórios portugueses com tecidos e demais produtos manufaturados, os portugueses fariam o pagamento com ouro. Portugal, em contrapartida, ficava proibido de produzir artigos industrializados em qualquer um dos seus territórios. Estima-se que, entre 1700 e 1800, cerca de mil toneladas de ouro e três milhões de quilates de diamantes foram extraídos no País. Mas o acordo com os ingleses não impediu que uma fração do ouro ficasse no Brasil e tornasse a vida na colônia mais chique. O ouro, de fato, enriqueceu muitos brasileiros e portugueses. Em cidades, vestidos com tecidos ingleses, e não mais com os panos produzidos nas toscas fábricas do tempo dos bandeirantes, eles começavam a usufruir de uma vida mais sofisticada. Em algumas cidades, como Vila Rica (MG), foram criados teatros e orquestras. A opulência justificava o nome da cidade. O momento também estava intimamente ligado ao desenvolvimento do barroco brasileiro e, sobretudo, da vasta produção de arte sacra do período, fartamente adornada com ouro.

Ouro, diamante e esmeralda também começaram a ser mais usados pelos brasileiros. Até então, só uns poucos privilegiados tinham enfeites dessa espécie, todos vindos de Portugal. A notícia de que a colônia era abundante nesse tipo de recurso atraiu, além daqueles que desejavam enriquecer fácil nos garimpos, ourives de Portugal e da Espanha. Escravos vindos de países com tradição na exploração e no manejo de pedras preciosas também executavam essa função, trabalhando com técnicas diferentes das dos europeus e diversificando o mercado. A abundância de gemas, a influência estética do barroco e a existência de uma classe interessada em joias fizeram com que, no Brasil, a joalheria nascesse expressiva. Não só pelo farto uso de pedras e cores, mas também pela extensão do seu uso. Longe de se limitar a anéis, colares e brincos, as pedras adornavam caixas de rapé e de pó de arroz, bolsinhas e até mesmo chaves.

O fato é que, depois disso, o Brasil não foi mais o mesmo, e as joias permaneceram presentes nos períodos subsequentes da história. Quando Dom Pedro I foi proclamado Imperador, em 1822, o Brasil teve suas primeiras "joias da coroa" nativas. O próprio diadema que adornava a cabeça do Imperador em ocasiões especiais, aliás, era produto nacional. Criada pelo ourives fluminense Manuel Inácio de Loiola, a peça foi feita com pouco mais de 2 kg de ouro. Nos salões elegantes do Primeiro Império, o nacionalismo, que também se expressava na literatura romântica, ganhava forma em broches e pingentes com as cores da Coroa e motivos da flora e fauna nacionais. Em 1831 foi a vez de Dom Pedro II se tornar Imperador, após a abdicação de seu pai. A coroa do menino, que ascendeu ao trono aos 14 anos, tinha 639 brilhantes nacionais e 77 pérolas importadas. A peça foi confeccionada pelo ourives da Casa Imperial, Carlos Marin, autor também do cetro e do anel de sagração do monarca. Com a Proclamação da República, em 1889, o Brasil passou a ser simbolizado pelas cores verde e amarela, que, na forma de pedras preciosas, adornavam as lapelas, os colos e as mãos da elite da jovem república.

Hoje, no Museu Imperial de Petrópolis (RJ), pode-se ver boa parte dessa riqueza em joias dos tempos do Brasil colônia. Estudos sociopsicológicos apontam o uso de joias como, de certa maneira, o mesmo dos adornos utilizados pelos índios. Esses objetos, como eram feitos e usados, serviam para distinguir níveis de poder. Joias são adornos que caracterizam a personalidade de quem os usa, como os usa e em que ocasiões. São, ainda, motivadores de sensualidade.

Tudo isso até podia não ser do conhecimento do jovem Alencar Burti, mas sua alma de vendedor intuía os fatos históricos e muito além deles...

Embora não fossem reis nem rainhas, muito menos caciques e pajés, os clientes que Alencar Burti atendia quando era balconista da Joalheria Leal, de Heitor

Giuliani, gostavam igualmente do luxo. Em 1946, quando ele abandonou o trabalho no escritório de representações comerciais e passou a se dedicar integralmente à joalheria, a cidade de São Paulo contava com sólida e heterogênea – em termos de origem – elite. Alguns vinham de famílias antigas e eram descendentes de aristocratas, alçados àquela posição por conta do bandeirantismo e da exploração de minérios, e também da atividade cafeeira. Os outros eram os "novos ricos", famílias de imigrantes enriquecidos na atividade industrial ou no comércio. Seus maiores representantes eram, respectivamente, italianos e sírios.

Famílias que, na entrada do Theatro Municipal, o jovem Burti identificava pelos nomes – Matarazzo, Jafet, Crespi, Haddad – e também pelas joias que usavam. As duas colônias de imigrantes mais ricas competiam por meio de colares, brincos, anéis, pulseiras e seus eventuais brilhantes pelo posto de "mais elegante da cidade". Uma batalha a que Burti assistia todos os domingos, quando ia aos concertos no Municipal. Ele passou a entender, no entanto, que o tamanho ou a quantidade de pedras preciosas e ouro carregadas pelas senhoras italianas e árabes era um critério bastante ilusório se a finalidade era determinar a mais elegante. Elegância e exibição, notou Burti observando seus clientes, eram dois aspectos bastante distintos. Estilo e exibicionismo ocorriam, distintamente, quando as mulheres se orientavam apenas pelas revistas de moda, pela publicidade e pelo cinema, que, naquela década de 1940, tinha beldades como Rita Hayworth e Elizabeth Taylor. Colaborava o fato de que, na ocasião, o que determinava o status de um casal na sociedade eram as joias. Elegância era algo mais sutil e difícil de descrever, mas, por outro lado, tão intuitivamente fácil de identificar quanto um pesado anel de brilhantes.

A intuição, aliás, foi uma grande aliada na trajetória de Alencar Burti como joalheiro, porque, fundamentalmente, é um negócio baseado na confiança.

– *Quem compra joia não está interessado em nota fiscal* – notou. – *Eu preciso, isso sim, cumprir o que foi prometido. Não pelo preço, porque arte não tem preço. Mas se eu digo que um brilhante não tem defeito, ele não pode mesmo ter defeito.*

Comprar joias com o joalheiro de confiança era fundamental. Burti, agradável, bom de conversa, discreto e sedutor por natureza, não teve dificuldade para conquistar bons clientes. Muitos deles industriais, comerciantes e funcionários públicos de alto escalão. O relacionamento franco e estreito era recíproco, já que ele também tinha seus meios de saber se podia confiar em quem estava do outro lado do balcão. Seu instrumento era o "radar epidérmico". Esse alarme era quem informava, em primeiro lugar, se o cliente era boa gente ou vigarista. Em segundo, se gostava de discrição ou de elogios. Se entrara na joalheria, era porque estava triste, porque queria comemorar ou estava em busca de mais um objeto para impressionar as pessoas.

O segredo e as sutilezas da atividade, sua magia, estavam presentes no dia a dia. Era tarefa dos balconistas da joalheria entender os desejos, intuir os limites e manusear as informações deixadas pelos clientes, como relatos sobre a profissão, confissões íntimas e vida familiar. O que era dito ali, ficava ali. Decorar nomes de mulheres, por exemplo, seria de uma perspicácia bastante inconveniente. Nunca se sabia, por exemplo, se a esposa seria confundida com a amante e vice-versa. Mas era sempre bom ter esse tipo de informação. Foi o que Burti descobriu em um dia de 1950, já com quatro anos de experiência no ramo.

Certa tarde, entrou na Leal uma mulher que, de algum modo, soube que seu marido, gerente de uma loja na rua José Bonifácio, fizera uma compra recente na joalheira. Ela foi direta: queria saber qual a peça e para quem, uma vez que ela não recebera nenhuma joia nova. Algo de estranho havia...

– *A senhora é uma mulher tão bonita, mas está se desvalorizando.* – Burti se apressou em dizer, tomando a mão da jovem por cima do balcão. – *Vem aqui e faz uma cena achando que, se eu soubesse, contaria se ele comprou ou não alguma coisa nesta loja. Eu nada sei, mas a verdade é que a senhora está se expondo demais e não fica bem. Tenha calma e reconquiste seu marido, se é isso que lhe interessa.*

A esposa desse cliente saiu da joalheria reconfortada e agradecida. Já o marido, na visita seguinte, levou uma prensa do balconista.

– *Você é louco? Como você compra aqui e não me avisa que era para a amante?*

Ele agradeceu, e o casal continuou junto.

A Joalheria Leal ficava no encontro das ruas São Bento e José Bonifácio, endereço distante cerca de 10 km da avenida São João, onde morava Burti. A rotina era corrida, e o trabalho árduo. O horário de almoço era de apenas 40 minutos. Quando dava tempo, saía correndo até a rua Santo Antônio, a 15 minutos de caminhada, para a pensão da dona Assunta – uma terna lembrança viva da sua avó Rosália. O prato caseiro, de arroz, feijão, carne e salada, era engolido em cinco minutos, e logo Burti estava fazendo sua caminhada de volta até a joalheria, permanecendo depois que os fregueses iam embora. Os clientes, aliás, eram um evento à parte no dia a dia. Longe de cultivar relacionamentos secos e impessoais, Burti os tratava como amigos e eles faziam da Leal um ponto de encontro, assim como eram os cafés e as livrarias. Não era conversa de vendedor. O joalheiro de fato estendia as relações com vários deles para a esfera pessoal. O futuro engenheiro civil Romeu Chap Chap e o economista Antônio Delfim Netto – com quem Alencar teria um relacionamento de trabalho intenso no futuro – estavam entre os jovens que, vez ou outra, davam uma pausa nos seus afazeres no centro da cidade, parando na joalheria para um descontraído e sempre prazeroso bate-papo.

Outra figura marcante entre os amigos desse período seria o jurista Eros Grau. Na verdade, o futuro ministro do Supremo Tribunal Federal (STF) tinha apenas 15 anos em meados da década de 1950, quando conheceu Alencar por intermédio de seu pai, que estava na faixa dos 40, enquanto Burti rondava os 27. Embora na inexperiência de sua juventude, Eros teve certeza de que estava diante de um homem espetacular, que lhe transmitia muita segurança e confiança. Foi o início de uma amizade sólida, de muitas aventuras e momentos agradáveis que passariam juntos durante toda a vida, desde aquele primeiro momento.

Na segunda metade da década de 1950, Heitor Giuliani comprou um edifício em frente à joalheria. O térreo era ocupado pela Casa Renner Confecções S.A. Em um dos andares superiores, Burti montou uma pequena academia de artes marciais, onde passou adiante os ensinamentos obtidos com os irmãos Ono, anos antes. A escola era peculiar: tocada por um descendente de italianos e portugueses, e não por um sansei oriental, a quem todos deveriam seguir. Mas havia alguém bastante próximo desse papel; em primeiro lugar por sua origem.

Shotaro Shimada nasceu no Brasil, de pais que deixaram o Japão em 1926, rumo ao interior paulista. Ao chegar aqui, o casal viu que as promessas de boas condições de trabalho e dinheiro não tinham nenhum fundamento na realidade. O trabalho pesado na lavoura nunca pagava a dívida da viagem e dos suprimentos caros vendidos no armazém da fazenda. Shimada, embora nunca tenha trabalhado no campo, nasceu com os pais sob o regime de escravidão por dívida. Quando tinha 11 anos, perdeu o pai e um dos irmãos. Jovem adulto, já na capital, sofreu durante o período da Segunda Guerra Mundial com o estigma que caiu sobre aqueles cuja origem se encontrava em um dos países do Eixo – Japão, Itália e Alemanha. Enfrentou tudo com serenidade quando descobriu a "ciência da respiração yoga" por um colega das aulas de judô.

O nipo-brasileiro dividia com Burti o tatame na rua São Bento, ensinando aos aprendizes técnicas e golpes do judô; muitos deles filhos de clientes da joalheria. A precisão na luta alcançada por Shimada era fruto da arte de respirar corretamente e, assim, obter elevado grau de concentração e acurácia nos movimentos. Graças a isso, tornou-se campeão paulista de judô por três anos seguidos, de 1952 a 1954. O método de respirar, concentrar-se e, assim, alcançar o equilíbrio entre corpo e mente e serenidade, no melhor estilo zen, começava a ser estudado profundamente por ele. Paralelamente às aulas noturnas na academia de Burti, Shimada caminhava no rumo de se tornar o primeiro professor de yoga do Brasil, em um estúdio na rua Caio Prado. Quando ele deixava a academia depois da última aula, era hora de Burti e seus jovens alunos deixarem o zen de lado. O tatame se convertia em ringue de luta livre, onde os golpes não eram dados com tanto critério quanto no judô – e machucavam muito mais. Em uma dessas noites de brincadeiras e luta, um dos alunos de Burti, o adolescente Eros, filho do seu amigo e cliente Werner Grau, levou um golpe brusco na perna. O acidente não só o afastou do tatame, como lhe deixou, de herança, a bengala que usaria por toda a vida – a marca registrada do futuro ministro e presidente do Supremo Tribunal Federal (STF), também poeta e escritor, membro da Academia Paulista de Letras (APL).

São muitas as reminiscências dessa época de pouco dinheiro e muita luta. Incluindo, é claro, as divertidas. E é o mesmo Eros Grau que lembra algumas delas, ressaltando que Burti *"sempre foi um ser humano sensível, bem-humorado e confiável"*. Entre muitas histórias engraçadas, tem uma que permanece viva entre os velhos amigos. É a da expressão "Arrrnaaaaaallldo". Certa vez, Burti, sempre um grande contador de piadas, fez todos rirem com uma cujo personagem de comportamento duvidoso era chamado assim. O grupo de amigos, que além de Grau e Burti incluía o empresário Guilherme Afif Domingos, o jornalista Ricardo Kotscho, os juristas Nelson Jobim e Arnaldo Malheiros, entre outros, adotou a expressão e, doravante, passaram a se tratar assim por pura gozação. Essa turma se reúne em uma tabacaria, cujo dono é o "Beto", até hoje. É comum, ainda, que, quando um liga para o outro, diga em algum momento da conversa: "O Arrrnaaaaaallldo quer falar com você...".

A Joalheria Leal contava com três funcionários, além do chefe Heitor Giuliani. Os colegas de Burti no atendimento aos clientes e trato com os fornecedores eram Nelson Simione, que entrara na mesma época que ele, e Mário Peixoto, o gerente. As joias, cujas técnicas de desenho Burti aprendia no dia a dia, eram produzidas em oficinas e em outras joalherias do centro da cidade. A maioria dos negócios era fechada no ateliê de dois jovens europeus, um francês e um espanhol, na rua Xavier de Toledo, e com um grego da Barão de Itapetininga, ambas no centro paulistano.

E além das joias existiam relógios e canetas. Burti era responsável pelo segmento das canetas Parker. Tempos depois, veio a concessão para vender relógios Rolex. As grifes, aliás, começavam a ganhar espaço no mercado. O final dos anos 1950 foi marcado pela chegada de marcas de luxo como Cartier, a suíça Patek Philippe, Universal Genève, Ômega e Ulysse Nardin. Em um Brasil imerso no otimismo, crescendo 8% ao ano e com a proposta de crescer o equivalente a 50 anos até o fim da década, esses novos produtos estavam entre os mais glamorosos sonhos de consumo. O lema do presidente da República Juscelino Kubitschek era crescer 50 anos em 5.

As vendas iam bem, o conhecimento sobre os produtos evoluía diariamente e os clientes se tornavam amigos. Em 1959, aos 29 anos de idade e 13 de Joalheria Leal, Burti ouviu do patrão que uma filial da Casa seria aberta na rua 7 de Abril e que cada um dos três funcionários receberia uma parte da nova loja – a fração de 3,5%. Perto do Natal daquele ano, quatro meses depois da promessa, Burti foi cobrar o negócio. Dezembro era, tradicionalmente, um ótimo mês para a joalheria, momento oportuno para tirar o novo empreendimento do papel. Mas, o documento extraoficial que firmava o futuro negócio foi rasgado diante de Burti, quando foi tratar com o tio sobre a nova joalheria. Por um motivo qualquer, Heitor não mais cumpriria com a palavra empenhada.

Decepcionado, Burti chamou os colegas e avisou que não ficaria mais na Leal. Havia entrado ali com 16 anos, um jovem aprendiz, e era sobrinho do dono. Mas muitas coisas haviam mudado naquela década. Não era mais um neófito na área. Entendia de joias, de ouro, de quilates de pedras e havia feito cursos de gemologia. Conversava com os colegas da área, trocava informações, sabia desenhar peças. Entendia os desejos dos clientes, sabia conquistá-los e vender. E, acima de tudo, não era mais um menino, e sim um homem casado, com os filhos nascendo e as contas chegando.

Dias depois, um futuro genro de Heitor foi ver Burti em nome do sogro.

– *O Heitor mandou você procurar um advogado para tratar dos seus direitos.*

O mensageiro voltou com uma réplica provavelmente bastante diferente do que o tio de Burti esperava:

– *Fala para o Heitor que se eu procurar um advogado vai ser um criminalista, porque ele vai morrer. Eu não quero nada demais, só quero o que é meu e dos meus colegas. O combinado. Diga pra ele vir se encontrar comigo, vamos almoçar.*

Almoçaram no Jóquei Clube, junto com Mário e Nelson. Após a refeição, Burti foi com o tio e ex-patrão até um canto e teve uma conversa franca. Provou seu ponto de vista e obteve o acordo, no qual Heitor pagaria aos três, em parcelas, o dinheiro devido pelos anos de trabalho e pelo acordo desfeito. Foi assim, com essa ruptura, que outra oportunidade muito mais inspiradora surgiu: a sociedade entre Mário, Nelson e Burti. Era a Joalheria Monte Cristo.

No dia 1º de janeiro de 1960, Alencar Burti foi ao Largo do Ouvidor tratar de negócios. Conversando com o gerente de um escritório da região, soube de um conjunto vago em um primeiro andar da rua São Bento, perto dali e quase vizinho à Joalheria Leal. Gostou do ponto, velho conhecido de suas caminhadas para lá e para cá. Foi, então, em busca de uma escrivaninha, que acabou se tornando o primeiro e, por um tempo, o único móvel do novo escritório. A primeira concessão que receberam na Monte Cristo foi a da Rolex, já que os representantes da marca conheciam o trio do antigo negócio. Mas os rumos futuros ainda eram incertos. Foi o que Burti confessou a Emilio Daccache em um dia que se encontraram por acaso. Avisou o amigo que havia saído da Leal e aberto um novo escritório na mesma rua. Se precisasse de alguma coisa, poderia ir lá, sugeriu.

– *Estou te achando meio preocupado* – observou Daccache.

– *É lógico que estou* – devolveu Burti. – *Eu tenho dois filhos, estou recomeçando e preciso dos meus amigos.*

–*Eu vou lhe dar um conselho* – disse o amigo. – *Não olhe a porta que se fechou atrás de você, e sim a que está se abrindo.*

Pode ter sido a mensagem de ânimo que surtiu efeito, ou apenas o fato de que, em mais de 10 anos no ramo, Burti, Mário e Nelson de fato conquistaram de maneira definitiva algumas pessoas. A questão é que, além das concessões de grifes obtidas, em pouco tempo boa parte dos antigos clientes foi conhecer a nova casa, fazendo dela o novo ponto de encontro e referência para a compra de joias.

A relação entre os sócios ficava cada vez mais estreita. Aberta a Monte Cristo, Mário e Burti partiram para uma temporada na Europa, para fazer negócios e buscar novas referências para o desenho das joias, bancados por um empréstimo da família Simioni. As peças, vindas da Europa e desenhadas pela equipe da Monte Cristo – sobretudo por Burti –, eram organizadas na vitrine da loja à noite, depois do expediente. Regrado com os horários e inspirado pelo prazer proporcionado pelo trabalho, tinha o hábito de chegar primeiro e sair por último da joalheria. Ficava por lá até meia-noite, organizando, limpando e arrumando as joias.

Mas esse alto grau de comprometimento com o negócio nem sempre se refletia na relação com os sócios. Em 1965, Burti era presidente do Clube Santa Paula, em Cotia. Fundada em 1955, a instituição era vizinha de um loteamento da Santa Paula Melhoramentos e contava com piscinas, quadras de tênis e de voleibol. Um dia, no clube, Burti e Mário Peixoto se desentenderam. Os dois tiveram uma discussão, e Burti se sentiu tratado como se fosse, ainda, um subordinado do outro, como nos tempos da Joalheria Leal.

– *Mário, você foi gerente, meu chefe, por quase 15 anos. Mas agora somos sócios, somos iguais. Se você levantar a voz para mim outra vez, eu rompo com você.*

Ele não ficou na promessa. O fato repetiu-se e ele comunicou que estava saindo da sociedade. Peixoto, ao se defender, alegou que não era para tanto, mas Burti tinha tomado sua decisão. Se não saísse naquele momento, era provável que a cena voltasse a acontecer e mais rusgas surgissem entre os dois. Era melhor separar para não brigar, decidiu sabiamente.

Nelson, por sua vez, tomou o partido de Burti. Assim, foi Mário que deixou a sociedade. A divisão do capital foi feita parte em dinheiro e parte em joias. Com elas e com a concessão da Rolex que recebera, Mário abriu na rua São Bento, logo abaixo da Monte Cristo, a sua própria joalheria.

CAPÍTULO 3

Capítulo 3

A segunda marcha

"Só tem direito ao presente aquele que prospecta o futuro."

Durante anos, os diamantes foram os melhores amigos das mulheres. E não era qualquer uma que afirmava isso. A icônica frase ganhou fama pela voz de Marilyn Monroe, no musical "Os homens preferem as loiras", de 1953, dirigido por Howard Hawks. Não por acaso, à época, ela e tantas outras estrelas do cinema e figuras da sociedade eram conhecidas e admiradas por seus berloques de dezenas de quilates. Um exemplo é a princesa Grace Kelly, de Mônaco, que usou o conjunto de tiara, colar e brincos de diamante em seu casamento com o príncipe Rainier III, em 1956. Outro, a atriz Elizabeth Taylor, com seu colar de ouro com 16 esmeraldas colombianas, criado pela grife Bulgari, em 1962. Já nos Estados Unidos, Jacqueline Kennedy, primeira dama do país entre 1961 e 1963, era frequentemente fotografada usando discretos e sofisticados conjuntos de pérolas. Afinal, os diamantes não ficam bem em esposas de políticos... Mas todas elas foram parâmetros de elegância e luxo, aos quais as mulheres aspiravam mundo afora, inclusive no Brasil.

No início dos anos 1960, as joias ganharam um concorrente de peso no espaço que ocupavam no imaginário e na lista de desejos femininos. Um fenômeno que Alencar Burti observava no balcão da joalheria Monte Cristo, quando atendia os clientes.

– *Eu não quero mais ganhar joias, eu quero um carro* – cobravam muitas paulistanas bem-nascidas.

É verdade que as propagandas do setor não eram tão lisonjeiras para o público feminino. Uma delas, dirigida aos homens, não tergiversava ao mostrar a foto de um carro batido e a chamada "Mais cedo ou mais tarde sua mulher vai querer dirigir. Mais um motivo para ter um Volkswagen". Mas o mundo estava mudando, especialmente para as mulheres, e não seria uma ou outra publicidade "machista" que mudaria essa evolução. Nos anos 1960, as mulheres passaram a participar ativamente do mercado de trabalho. As vestimentas se tornaram mais simples e fáceis de usar, assim como os cortes de cabelo e penteados. Com menos cintas, saias e laquê, pouco a pouco elas avançaram nas ruas, nos escritórios e também nos volantes.

Mas o interesse feminino nos automóveis não pode ser creditado somente a esse momento de emancipação. Todos os brasileiros estavam mais interessados neles. Após anos de importação intensiva e o carro entendido como artigo de luxo, cresciam em número a frota montada no País e o acesso da classe média a esse bem. Devido ao trabalho de valorização da indústria nacional, que experimentava crescimento desde a década de 1930, o setor automobilístico, sem trocadilhos, tornava-se um dos principais motores da economia brasileira, capaz de envolver diferentes tipos de fornecedor e sustentar uma variada cadeia produtiva, que se estendia até o consumidor final. Em um País cada vez mais interiorizado, urbano e decidido a se tornar uma nação desenvolvida, o carro era o elemento dinâmico que levaria o Brasil a um novo posto no ranking econômico mundial. Burti, empreendedor nato, intuiu que aquele era o negócio do futuro. E havia mais um bom motivo para apostar naquela nova atividade. Três, na realidade – de um, quatro e cinco anos –, seus filhos, que haviam nascido da união com Norma.

O amigo Renato Ferrari, que Burti conhecera nas aulas de judô da Academia Ono, foi um de seus grandes incentivadores no ramo de automóveis. Mas essa não seria a primeira nem a maior mudança por ele influenciada na vida do amigo.

Renato e Burti haviam se conhecido nos treinos, mas a amizade se estendeu para fora dos tatames. Parte dessa afinidade poderia ser creditada às origens de

Linha do Tempo

1959
Casamento com Norma

1963
Abertura da loja de automóveis usados

1963
Compra da revenda Chrysler

1969
Fundação da Matisse

1970
Inauguração da Ibirapuera Veículos

ambos, que vinham de famílias italianas, sem contar que o pai de Renato também era comerciante. Além das aulas de judô, das idas ao Clube Paulistano e dos passeios pela cidade, Burti aproveitava a companhia do amigo em muitas noitadas. Renato se formara na turma de 1948 da Faculdade de Direito do Largo de São Francisco e ocupava a chefia do Departamento Jurídico da SulAmérica Seguros. Era um jovem bem-sucedido e tinha carro. Burti, embora não tivesse dificuldade nos relacionamentos com o sexo oposto, sabia que a prática seria facilitada se pegasse carona com o amigo – literalmente.

Entre essas idas e vindas, no entanto, a presença de Renato no apartamento da avenida São João (também generosamente emprestado a outros amigos da turma) começou a rarear naquele ano de 1955, assim como sua frequência nos treinos e programas entre amigos. Um dia, depois de quatro meses de silêncio, ele apareceu para se explicar e revelar uma novidade.

– *Estou noivo! Não quero mais essa vida de solteiro. Vou me casar com a Michelina e quero que você a conheça.*

E assim o fez: levou a noiva e a cunhada, a jovem Norma, para conhecer o amigo. A simpatia entre Norma e Burti foi tão acentuada que, no dia seguinte, já estavam namorando. Conhecendo o tradicionalismo de uma típica família italiana, como era a da moça, o joalheiro foi até a casa dos D'Andretta, na avenida Angélica, para pedir sua mão. O carisma do rapaz de 25 anos conquistou instantaneamente os futuros sogros, Ângelo e Cecília. Burti e Norma ficaram noivos no Natal de 1956.

A impetuosidade e firmeza de Burti garantiam bons negócios e respeito entre os colegas, mas não eram páreo para Norma. Sempre atenta e observadora, ela sabia que estava namorando um sujeito de porte atlético e, como se dizia à época, "boa-pinta", que atraía a atenção do sexo feminino. Ela se posicionava de maneira enérgica, acompanhando a vida social e os contatos do noivo. Excesso de zelo ou não, o fato é que Norma era a "escolhida" e Burti entendia que precisava "andar na linha".

Burti e Norma se casaram em um sábado chuvoso, em 4 de abril de 1959. A cerimônia aconteceu na Igreja de Santa Terezinha, na rua Maranhão, bairro de Higienópolis, e a lua de mel passou por três cidades. Na primeira etapa da viagem, o casal partiu para a cidade de Valinhos, onde permaneceram alguns dias na estância de Fonte Sônia, conhecida por suas águas termais. De lá, ficaram seis dias hospedados em Campos do Jordão, no Hotel Vila Inglesa, a convite de um amigo. A última parada foi no Rio de Janeiro, onde se instalaram no apartamento colocado à disposição por outro casal de amigos, Werner e Dalva Grau, que viviam na então capital do País.

Terminada a lua de mel e de volta a São Paulo, o casal foi morar em um prédio na rua da Consolação, quase na esquina com a avenida Paulista. Pouco tempo depois, Burti conseguiu comprar seu primeiro automóvel: um fusca. E a nova casa não demorou a ficar cheia. O primeiro filho a nascer foi Paulo, na véspera do Natal de 1959. Foi a chegada do primogênito, inclusive, que impeliu Burti a confrontar Heitor Giuliani a respeito da abertura de uma nova joalheria, da qual ele seria sócio. Agora não era apenas ele que dependia dos rendimentos de seu trabalho, mas também Norma e o bebê. Renata, a segunda filha, chegou em novembro de 1960, no final do primeiro ano de atividade da Monte Cristo Joalheiros. Com intervalo de quase dois anos, em junho de 1962, veio a segunda menina do casal, Cecília. Eram já três bocas a mais, sem contar os gastos com roupas, escola, saúde e brinquedos. Se os carros eram mesmo o futuro, como parecia, e de vendas Burti entendia, poderia ser uma excelente opção entrar nesse novo ramo para garantir o sustento à família. A aposta se provou duplamente acertada, já que, em maio do ano de 1964, nasceu Marcelo, o caçula do clã.

Uma de suas mais sólidas amizades à época era com o economista Nelson Pacífico, que conheceu Alencar Burti nos idos dos anos 1950, quando frequentava a Joalheria Leal. Como em tantos outros casos, a simpatia e a afinidade entre os dois – a exemplo do amor por cachorros – ultrapassaram as dimensões do balcão. A relação entre vendedor e cliente, rapidamente se transformou em amizade, que se consolidava em almoços, jantares e visitas à casa de um ou do outro. Em uma dessas ocasiões, Burti apresentou Norma ao amigo e, meses depois, lá estava Nelson entre os convidados do casamento do jovem casal Alencar e Norma. Anos depois, ele seria escolhido como padrinho de uma das filhas dessa união: Cecília.

Em 1965, os amigos se lançaram em uma aventura com ares *beatnik*: excursionaram pela América do Sul a bordo de uma Kombi. Nelson, seu irmão Arnaldo com a cunhada Alícia, Norma e Burti, Carlinhos, irmão de Norma, e uma amiga dos irmãos Pacífico, Glorinha, alugaram a perua e saíram de São Paulo rumo ao sul. Passaram por três estados e cruzaram a Argentina e o Chile, até desembocar em Viña del Mar, no oeste chileno. No caminho de volta, atravessaram o litoral da região sul, até então um recanto pouco desbravado e praticamente desconhecido dos turistas. Uma viagem de 30 dias a que o jovem Burti se permitiu, talvez intuindo que, pelos próximos anos, não teria a chance de tirar férias tão prolongadas. Muito menos como essa inesquecível aventura a bordo de uma Kombi...

Burti não foi o primeiro e nem o único a antecipar o caso de amor que nasceria entre os brasileiros e seus carros. A primeira famosa previsão nesse sentido veio de um grande especialista no assunto: Henry Ford. "O automóvel está destinado a fazer do Brasil uma grande nação", sentenciou o pioneiro industrial, em 1920.

Não seria por menos que o "futuro de uma grande nação", afinal, que o empresário norte-americano implantaria no País uma linha de montagem de sua fábrica de veículos. Em 1919, a Ford Motors fixou suas primeiras instalações no centro de São Paulo, na rua Florêncio de Abreu. Ainda naquele ano sairia à rua o primeiro carro montado na cidade: o "Ford T". Em 1926, a montadora fundaria, também em São Paulo, uma escola de mecânica destinada a capacitar técnicos para manutenção e reparo de seus veículos.

Em 1925, a General Motors acompanhou as trilhas desenhadas pela Ford, instalando-se no bairro do Ipiranga, também na capital do estado de São Paulo. Seu primeiro veículo feito no Brasil foi o Chevrolet "Cabeça de Cavalo", com uma pequena carroceria na parte traseira. Dois anos depois, a GM iniciou a construção de uma fábrica de 290 mil m^2 na cidade de São Caetano do Sul, 20 km distante e bem situada, próxima à ferrovia que ligava Jundiaí ao Porto de Santos.

Em 1926 foi a vez de a International Harvester abrir linha de montagem de seus caminhões em São Paulo. A massiva escolha pela cidade estava longe de ser um acaso. Além de garantir o mercado brasileiro, as indústrias estrangeiras instaladas na capital paulista se beneficiavam da abundância de mão de obra, de uma boa rede de eletricidade e de ganhos de escala típicos de uma cidade industrial, como uma razoável rede de fornecedores.

Nas primeiras décadas do século XX, paralelamente à chegada das montadoras estrangeiras, surgiu uma rede auxiliar à produção automobilística, que ia desde grandes fabricantes de pneumáticos até pequenas empresas especializadas na produção e manutenção de mecanismos de pequeno porte. Esse grupo era composto, por exemplo, pelas estrangeiras Pirelli e Firestone, chegadas ao País em 1923, e por pequenos estabelecimentos que fabricavam carrocerias e montavam carros e caminhões. Para ter uma ideia, ainda no ano de 1919, existiam, na cidade de São Paulo, 221 estabelecimentos desse tipo, empregando mais de 2.400 pessoas. O aumento no número de motoristas-consumidores seguia em marcha veloz.

No início, os automóveis podiam ser bancados apenas por membros da elite. Foi o filho de um rico fazendeiro do interior de São Paulo, o jovem Alberto Santos Dumont, quem importou o primeiro veículo automotor, um Peugeot, em 1891. Anos depois, famílias como Prado, Martinelli, Matarazzo e Azevedo começaram a encher as ruas paulistanas com o barulho de motores e buzinas. As elites rural e industrial assim como a pequena burguesia paulistana abandonaram de vez as carruagens. Em 1904, 13 anos após a chegada do primeiro carro ao Brasil, existiam 84 deles rodando pela cidade. E a evolução se aceleraria nas décadas seguintes. Em todo o estado, entre 1920 e 1930, o número de carros de passeio foi de pouco mais de cinco mil unidades para 43 mil.

O cenário se completou com dois elementos: as primeiras concessionárias autorizadas, destinadas a comercializar os automóveis montados por aqui, também surgidas nos anos 1920, e a inauguração da primeira via asfaltada do Brasil, a Rio-Petrópolis (atual BR 040), inaugurada em 1928 – isso contribuiu para que o número de caminhões subisse, em uma década, de 222 unidades para 25 mil, também pegando carona no próprio desenvolvimento industrial. As rodovias, aliás, foram motivo para um pronunciamento histórico do presidente Washington Luís, quando perenizou a emblemática frase a respeito do Brasil e do transporte sobre pneus: "Governar é abrir estradas".

Entretanto, por mais simpáticos que os homens da chamada República Velha fossem ao desenvolvimento da indústria, em particular à automobilística, foi a partir da década de 1930 que o Estado passou a promover o setor de maneira sistematizada. Os presidentes Getúlio Vargas, entre 1930 e 1945, e, depois, de 1951 a 1954, e principalmente Juscelino Kubitschek, entre 1956 e 1960, entraram para a história como os grandes incentivadores do segmento automobilístico no Brasil.

Para entender esse movimento, é preciso lembrar que, no início dos anos 1930, ganhava força a tese de que o Brasil só poderia superar seu passado agrário e de baixo desenvolvimento se fosse transformado em um país urbano e industrializado. Quando a revolução conduziu Getúlio Vargas ao poder naquele momento, o governo central, abraçando o ideário corrente, logo tratou de fomentar o desenvolvimento de um parque industrial em solo brasileiro, atraindo grandes produtores externos e criando medidas de proteção ao produto nacional, em detrimento dos importados. Em 1931, segundo ano do governo Vargas, os veículos importados desmontados (CKD, sigla em inglês de *Completely Knock-Down* – completamente desmontado) usufruíam de uma redução de 30% na tarifa alfandegária, taxa que, em 1933, passou a ser 20%. A proposta era inibir a entrada de carros completamente montados, incentivando a atividade das fábricas de montar seus itens no Brasil. Gerar empregos, tributos e, assim, aquecer a economia nacional.

No entanto, isso não significava que a produção tinha sido deixada inteiramente nas mãos das grandes marcas estrangeiras. O governo nacionalista e populista de Vargas desejava incentivar uma indústria que utilizasse o máximo possível de componentes brasileiros. Uma estratégia de certo modo facilitada pela redução do comércio internacional ocorrida durante a Segunda Guerra Mundial, entre 1939 e 1945. No esforço de gerar uma grande indústria de base, o governo federal criou, em 1941, a Companhia Siderúrgica Nacional (CSN) e, no ano seguinte, a Fábrica Nacional de Motores (FNM), ambas no estado do Rio de Janeiro. O curso de produção de peças em solo brasileiro foi acompanhado por algumas empresas privadas, como a General Motors, que, em 1943, passou a fabricar por aqui molas, baterias e cabines, de modo que diminuísse sua dependência da produção da matriz no exterior.

Quando acabou a guerra, em 1945, o Brasil viu que boa parte de sua produção e frota de veículos estava defasada. O início da Guerra Fria e os conflitos, como a Guerra da Coreia, em 1950, acenderam o temor de um novo embate global, levando os industriais a intensificar as importações, a fim de compor um estoque estratégico. O governo novamente interveio colocando mais barreiras para a importação de itens da indústria automotiva.

No segundo governo de Vargas, entre 1951 e 1954, aconteceu nova rodada de incentivo à indústria. Dessa vez com maior abertura para as empresas estrangeiras, que recebiam do Estado concessões fiscais e monetárias para operar no País. Em 1951 foi criada a Comissão de Desenvolvimento Industrial, destinada a planejar o desenvolvimento do ramo. A subcomissão de Fabricação de Jipes, Tratores, Caminhões e Automóveis se ocupava do problema da pesada importação de veículos e autopeças, que consumia mais recursos brasileiros do que trigo e petróleo, matérias-primas das quais o País era dependente do exterior. O problema era maior, tendo em vista que o Brasil contava, à época, com sete montadoras de veículos e 250 fábricas de autopeças. Era preciso produzir ainda mais carros em solo nacional.

O próximo grande salto na questão aconteceria a partir de 1956, sob a presidência de Juscelino Kubitscheck (JK). As medidas de inibição das importações, variações pesadas na balança comercial e a crise política que desembocou no suicídio de Vargas, em 1954, fizeram com que, na contramão do que o governo pretendia, as montadoras diminuíssem seu ritmo de produção, especialmente dos carros de passeio. O governo eleito em 1955 era herdeiro de Vargas na campanha pró-industrialização. E JK anunciava seu governo com o ambicioso slogan: "50 anos em 5"; era o "Plano de Metas". Mas, se o grande líder trabalhista que havia morrido de maneira traumática desejava inserir o máximo possível de componentes nacionais na indústria automobilística, inclusive por meio de empresas estatais, Juscelino, por sua vez, daria mais espaço às companhias privadas vindas de fora.

As medidas para isso começaram depressa. Em março de 1956, a Superintendência da Moeda e do Crédito (Sumoc), autoridade monetária da época, disciplinou a importação de veículos desmontados e peças, definiu níveis mínimos de nacionalização de componentes e facilitou a concessão de divisas para quem desejasse comprar peças ou componentes de automóveis no exterior. Em fevereiro do mesmo ano, o governo criou o Conselho de Desenvolvimento, encarregado de colocar em prática o Plano de Metas. Desse conselho nasceu o Grupo Executivo da Indústria Automobilística (GEIA), o qual fixou uma série de recomendações para o rápido desenvolvimento dessa indústria. As principais eram a preferência por empresas privadas, em detrimento das estatais, e o incentivo à atividade de produtores estrangeiros. Essas regras foram consolidadas no Plano Nacional de Fabricação dos Veículos a Motor.

Segundo o novo plano, as fabricantes de automóveis deveriam submeter ao GEIA seus objetivos de produção. Caso eles se encaixassem no que projetava os propósitos governamentais, a empresa se beneficiaria com medidas de incentivo, como importação de alguns itens sem cobertura cambial e financiamentos facilitados junto ao governo federal, por meio do Banco Nacional do Desenvolvimento (atual Banco Nacional do Desenvolvimento Econômico e Social – BNDES). Ao mesmo tempo, foram estabelecidos níveis mínimos de nacionalização. Para que um motor fosse considerado nacional, por exemplo, pelo menos 60% de seus componentes deveriam ser fabricados no Brasil. Além disso, o País em si apresentava perspectivas interessantes para as grandes fabricantes internacionais, interessadas em estender seus mercados além da Europa e dos Estados Unidos: havia por aqui 60 milhões de habitantes, e o Produto Interno Bruto (PIB) crescia entre 7% e 8% ao ano. Hoje, quase uma utopia para a realidade brasileira...

Naquela década, no auge do desenvolvimentismo e das apostas do governo federal na indústria automobilística, os modelos de contratos de concessionárias de veículos foram revisados, para atender o aumento da produção em solo brasileiro e o crescimento da demanda. Na essência, porém, os negócios para os concessionários eram pouco diferentes daquele primeiro momento da revolução industrial verde e amarela, na década de 1920.

A estratégia de atrair capital estrangeiro e incentivar o setor teve efeito. Se em 1957 a frota brasileira de veículos era da ordem de 785 mil unidades, em 1962, esse número havia passado para 1,4 milhão, entre automóveis, jipes e caminhões. Na mesma época, a indústria atingiu seu nível máximo de nacionalização. A demanda crescia na mesma proporção. As cidades brasileiras expandiam tanto em território quanto em número de habitantes. O êxodo rural era intenso, sobretudo dos estados da região Nordeste para as cidades do Sudeste. A inauguração de Brasília, em 1960, simbolizava o propósito de explorar e colonizar o interior do País. Para tanto era necessário ter estradas – com carros transitando por elas. E se, por um lado, esse movimento era refletido nos primeiros congestionamentos conhecidos pelos brasileiros, por outro parecia ser a prova de que o País tinha, finalmente, tomado o rumo do desenvolvimento.

Mais uma vez, a sensibilidade para os negócios fez-se presente. A carreira de Alencar Burti como vendedor de automóveis começaria pela margem desse progresso, por assim dizer. Sua primeira loja, de carros usados, foi aberta em 1961 e ocupava um galpão na rua Santo Amaro, no bairro Bela Vista. No seu escritório aberto na rua Conselheiro Crispiniano, centro da cidade, Burti centralizava a papelada da nova loja, que tocava paralelamente com as atividades na joalheria Monte Cristo. O pagamento dos veículos era parcelado em até 24 meses. Das notas promissórias assinadas pelo cliente, 20 eram descontadas por um amigo de Burti, e as últimas quatro ficavam com ele, como lucro. Assim, o dinheiro dos carros virou um pé-de-meia. Dinheiro que, futuramente, financiaria a abertura de sua própria concessionária.

Em frente ao prédio do escritório de Burti, ficava a sede de um banco que, às portas da falência, estava vendendo algumas de suas propriedades espalhadas por São Paulo, e uma delas, uma concessionária Chrysler na avenida Cásper Líbero, próximo à Estação da Luz, chamou a atenção de Burti. Propôs ao concunhado, Renato Ferrari, e ao sócio da joalheria Monte Cristo, Nelson Simioni, a compra da loja. Embora não tivesse a mesma presença de mercado que a Ford ou a General Motors, desde o início dos anos 1960, a Chrysler brasileira contava com uma produção significativa em números e, acima de tudo, sofisticação e qualidade. Em 1963, a fabricante apresentava a nona maior produção do País, com 9,5 mil veículos colocados à venda nesse ano.

A proposta de sociedade foi aceita, e os sócios partiram para a negociação com os proprietários. Burti, Ferrari e Simioni cobriram o saldo negativo do antigo proprietário, e assim a concessionária Antonauto passou a ter três donos. Renato ocupava a posição de diretor presidente; Burti, de diretor superintendente, e Nelson ficou como diretor financeiro. Era o ano de 1963, os três empreendedores nem imaginavam o que viria pela frente...

Com a compra da fabricante Simca, em 1966, a Chrysler havia incorporado a produção da marca francesa. Por isso a Antonauto, à época, ficou mais conhecida pelos carros da primeira marca. Um dos mais admirados era o modelo Simca Chambord, produzido, desde 1958, em São Bernardo do Campo, município no entorno da capital. O Chambord havia sido o primeiro automóvel de luxo fabricado no País. O exemplar número um, tão logo saiu da fábrica, foi entregue ao presidente Juscelino Kubitscheck, no Palácio do Catete, no Rio de Janeiro, então sede do governo federal. A revendedora também contava com modelos da Chrysler propriamente dita, como o Dodge Dart – que, em 1970, seria eleito pela revista *Auto Esporte*, da Editora Abril, o "Carro do Ano" – e também com um modelo esporte, o Dodge Polara.

Parte do acordo entre Burti e Nelson dizia respeito ao tempo que cada um dedicaria aos dois negócios nos quais eram sócios. A Monte Cristo e a Antonauto – na verdade, constituíam três empreendimentos, já que a joalheria contava com duas unidades. Ficou decidido que Nelson continuaria com as joias, enquanto

Burti se dedicaria a explorar o mundo dos automóveis. Uma jovem aprendiz de Simioni e Burti na joalheria, a nissei Matiko, era a responsável por uma das joalherias. Como Renato Ferrari trabalhava na companhia italiana Pibigás e também advogava para a Associação Brasileira dos Distribuidores de Gás – fato que lhe concedia alguns contatos no mundo empresarial, importante para auxiliar na compra da concessionária –, Burti terminou como o principal responsável, na prática, pela loja de veículos.

Assim como acontecera no início dos anos 1940, nas primeiras joalherias em que trabalhou, logo o novo negócio foi dominado pelo intuitivo Burti. O talento natural para a venda, além da simpatia e da proximidade com os clientes, adquiridas nas duas décadas como joalheiro, o auxiliaram no dia a dia com os carros. A porta da sua sala na concessionária ficava sempre aberta, recebendo clientes e amigos que, mantendo a tradição, passavam para visitá-lo e bater um papo à tarde.

Em outubro de 1968, os sócios decidiram trocar o antigo nome da concessionária por algo impactante e fácil de memorizar. Outro critério para a escolha do novo nome foi que ele remetesse à cidade de São Paulo. De Antonauto, a loja passou a se chamar Ibirapuera Veículos. A mudança precisou contar com a unanimidade entre os três. Mas essa seria uma das últimas vezes em que todos concordariam sobre o futuro da sociedade.

Um dia, em 1969, Renato dirigia seu carro, tendo Burti no banco do passageiro. Parou em frente a uma fábrica na avenida Santo Amaro e explicou a situação: a oportunidade que havia farejado para o grupo. A Bombas Itaúna, que tinha como sócio um amigo seu, estava prestes a fechar, cheia de dívidas e com os funcionários há meses sem receber salário. Era um negócio arriscado, mas ainda assim ele propôs ao amigo:

– *Então, você topa comprar, Burti?*

Ele rapidamente pensou em como obter o capital para o negócio. Anos antes, junto com Nelson, havia comprado uma fazenda em Itapetininga, interior de São Paulo. Burti propôs vender a fazenda e utilizar o capital para comprar as antigas dívidas da Bombas Itaúna e a propriedade na avenida Ibirapuera. Em seguida, montar a nova concessionária. No primeiro momento, Simioni aceitou a ideia, e Burti partiu para a negociação com os insatisfeitos empregados da Itaúna e seu sindicato. Uma situação delicada, que exigiria muito tato e capacidade de negociação, algo que Ferrari preferiu deixar a cargo do amigo.

– *Meus queridos, é o seguinte* – começou Burti, diante de um grupo de mais ou menos 100 funcionários reunidos no pátio da antiga fábrica. – *Nós estamos querendo comprar este prédio, e vocês não estão recebendo salário, porque a empresa está falida. Vocês querem fazer um acordo comigo?*

Chamaram o sindicato e negociaram o pagamento de parte do valor a que os funcionários teriam direito. Negociante por natureza, Burti nada mais fez do que vender uma ideia ao grupo. Diga-se, a melhor ideia passível de ser colocada em prática, naquela ocasião. Em continuidade ao revezamento de funções para o lançamento da nova concessionária, foi a vez de Burti passar a bola para Ferrari, que, além de conduzir a parte legal e financeira da compra e da abertura da nova firma, ficou responsável pela reforma do prédio – Burti tinha horror a obras. Aquele imóvel, como haviam percebido, seria valioso no futuro.

Mas antes que a nova concessionária ficasse pronta, com a mesma estrutura societária da revenda Chrysler, Nelson disse que deixaria o grupo na nova empreitada.

Burti ficou surpreso e chateado com a revelação, mas sabia que seus sócios tinham temperamento difícil e, por vezes, não se entendiam. Tentou demover da ideia aquele que havia sido seu parceiro por mais de uma década argumentando que abrir a nova concessionária, em um ponto da cidade como aquele, era uma oportunidade de ouro. A avenida Ibirapuera ainda era quase uma estrada suburbana, sem asfalto, conhecida por ser uma das principais vias por onde passava o bonde rumo a Santo Amaro. Mas aquele cenário estava para mudar. Parecia incompreensível que Nelson não topasse abraçar a oportunidade.

Mas não houve como fazer o sócio voltar atrás, e a solução foi desfazer tanto o projeto da nova sociedade a três quanto as anteriores. Na partilha, Nelson ficou com as duas lojas da joalheria Monte Cristo, e Burti, agora mais afeito aos carros, recebeu dois terços da concessionária Chrysler. Também foi feito um levantamento do patrimônio da Monte Cristo em mercadorias, e uma parte coube a Burti. Mas o que ele faria com tudo aquilo?

A resposta estava perto e em um lugar bastante familiar para ele: a rua Pamplona, a mesma em que seus familiares haviam vivido nos últimos 20 anos. E bem ali, na casa em que morara seu pai, morto em 1964, e onde sua tia, viúva, ainda vivia. Era um típico sobrado dos anos 1940, com edícula nos fundos, jardim na frente e bastante espaço. Naquele final dos anos 1960, a região da avenida Paulista despontava como polo de escritórios e área de concentração de empresas, em detrimento da região central, que perdia aos poucos essa posição. A Paulista, assim como suas ruas paralelas e transversais, começava a se verticalizar, com os antigos casarões cedendo cada vez mais espaço para os edifícios comerciais e também residenciais. O Conjunto Nacional, pioneiro dessa transformação, fora erguido na esquina com a rua Augusta, em 1956. Nas duas décadas seguintes surgiriam muitos outros conglomerados comerciais como aquele.

A familiaridade com o local e a percepção de que a área era um novo ponto de sofisticação da cidade levaram Burti a alugar o número 833 da rua Pamplona.

O dinheiro obtido de uma liquidação do estoque de Simca Chambord, no ano anterior, ajudou a colocar a nova joalheria em operação. Após alguns ajustes no espaço e da decisão de Matiko de permanecer trabalhando com Burti, as joias remanescentes da Monte Cristo foram alojadas no novo espaço. Em outubro de 1969 foi aberta a Joalheria Matisse. Anúncios em jornais como *O Estado de S. Paulo* noticiaram a inauguração do espaço: a "casa marrom" onde Burti e Matiko esperavam os clientes e amigos para, antes de apresentar as joias, tomar um drinque e ter uma boa conversa. A publicidade, aliada à quantidade de amigos e clientes conquistados nas últimas décadas de vendas e trocas de ideias, garantiu, desde o princípio, a boa e fiel clientela da Matisse.

Em 1970, Alencar Burti acumulava 27 anos de experiência no comércio. Trabalhava, então, na terceira joalheria de sua carreira, segunda de sua propriedade, e já havia tocado duas lojas de veículos, na época em que a indústria automobilística se firmava como um dos principais pontos de apoio da economia brasileira.

No dia em que completou 40 anos, em agosto daquele ano, o empresário deu mais um passo: inaugurou, junto com Renato Ferrari, a nova Ibirapuera Veículos, na avenida de mesmo nome. A concessionária era uma revenda Ford, com carros de passeio e alguns caminhões, instalada em uma área de 11 mil m^2.

A troca da Chrysler pela Ford acontecera por um motivo prático: diferentemente da posição ocupada em 1963, a montadora tinha relevância ainda menor no mercado nacional. Sua produção passara de pouco mais de nove mil unidades, em 1963, para a linha dos quatro mil, em 1968. Já conhecendo bem o mercado e seus agentes, Burti viu na Ford a chance de montar uma revenda com mais futuro. Propôs ao pessoal da Ford a abertura de uma nova concessionária. O nome de Burti já era bem conhecido, assim como seu talento para vendas, o que levou a Ford a aceitar a proposta, com uma condição: o nome Ibirapuera Veículos, já famoso, seria mantido. A Ibirapuera da avenida Cásper Líbero, com seus carros Chrysler, passou para as mãos de outro dono. Em alguns anos, a revenda se tornaria uma das três maiores concessionárias Ford do estado de São Paulo.

Uma das pessoas que Alencar Burti conheceu naquele período, em suas visitas à Federação das Indústrias do Estado de São Paulo (Fiesp), foi o engenheiro Ozires Silva. Formado pelo Instituto Tecnológico de Aeronáutica (ITA), ele estava na linha de frente de um projeto tecnológico ambicioso: criar uma grande fábrica nacional de aviões. O embrião da Embraer era discutido nos encontros entre os dois, com Alencar demonstrando entusiasmo pela jornada do colega e compartilhando sua alegria quando, em 1969, a empresa foi fundada.

Ozires Silva, que, em 1991 ocupou o cargo de ministro da Infraestrutura, admirava o amigo, sempre engajado em projetos em favor da produção e do aumento da competitividade e da produtividade da indústria nacional. Quando anos mais tarde a Embraer se tornou uma das maiores empresas aeroespaciais do mundo, Ozires, atualmente presidente do Conselho de Administração do Grupo Anima de Educação e Cultura, rememorava as conversas com Burti. Sabia que, assim como o amigo, tinha todas as razões do mundo para comemorar com emoção os resultados obtidos com as próprias lutas. Ozires, por exemplo, poderia celebrar o fato de que os produtos da Embraer eram aviões sofisticados e modernos, capazes de competir no mercado mundial (presentes em 90 países), voando entre os de primeira linha então fabricados nos Estados Unidos e na Europa.

E com a vida de grande concessionário de uma montadora gigante, apareceram problemas de tamanho proporcional. Burti notou que a relação entre a Ford e os donos das distribuidoras não era exatamente isonômica. Desunidos, os revendedores não teriam mais liberdade de ação, direitos e uma relação justa com a empresa americana. Isso precisava mudar.

Capítulo 4

Capítulo 4

As pontes e as travessias

"É importante somar;
é fundamental aglutinar."

Era o início da década de 1980, embora o petróleo não houvesse de fato sido extinto, todos – ou quase todos – sabiam que o nível de abastecimento do combustível fóssil que vinha movimentando o mundo não seria mais o mesmo. Nem o petróleo, nem tudo o mais que dependia do "ouro negro" para funcionar – um cenário no qual os automóveis eram protagonistas. Esse era um aspecto conjuntural que Alencar Burti, em seu segundo mandato como presidente do Conselho Nacional de Distribuidores Ford, pontuou em um texto dirigido aos colegas:

O momento brasileiro e mundial mostra a necessidade premente de todas as categorias econômicas se ajustarem à realidade presente em face das perspectivas futuras. A nossa atividade, principalmente em virtude da dependência direta das condições energéticas, passa por alterações profundas, que ainda estão no plano das soluções de emergência até que se definam os combustíveis do futuro.

Revendedor de veículos Ford desde 1970, foi aos poucos que Burti se convenceu da necessidade de unir forças em torno das associações de marcas e vendedores de veículos. Junto aos pioneiros do negócio automobilístico, com Francisco Caltabiano à frente, o movimento vivia um período de efervescência, no início daquela década, e precisava de representantes dispostos a doar tempo e capacidade de argumentação em favor do grupo. Embora Burti dispusesse, e muito, do segundo requisito, já o tempo, ao contrário, não era exatamente seu recurso maior.

Depois da Ibirapuera Veículos, ele abrira a Concessionária Igarapé, em Tatuí, interior de São Paulo, para comercializar máquinas e tratores agrícolas. Dedicava-se em tempo integral às lojas. Seguia o preceito de que, para manter o negócio funcionando, era preciso ser o primeiro a chegar à empresa e o último a sair, cuidando de tudo um pouco nessas longas jornadas diárias. Supervisionava o trabalho no escritório e de outros setores operacionais da concessionária. Acompanhava a entrada e a saída de carros e peças, tratava com os fornecedores, atendia clientes, treinava seus vendedores. E havia, ainda, a Matisse. Embora o dia a dia da joalheria ficasse por conta da fiel Matiko, ele não conseguia se desgrudar das joias, sua primeira paixão profissional.

Promovia na casa da rua Pamplona, todas as segundas-feiras, *happy hours* para os amigos mais chegados. O intuito era relaxar após um dia exaustivo, colocar a conversa em dia e tomar vinho, mas um ou outro sempre acabava levando para casa um broche ou um par de brincos – peças que eram desenhadas por Burti. Com o traço e o senso estético exercitados ao longo de 35 anos de atividade, ele esboçava suas joias em qualquer ocasião, usando simples pedaços de papel. Bastava uma reunião mais monótona para que provocasse a criatividade em busca de referências mais interessantes: uma pedra preciosa que vira recentemente – talvez a safira, sua preferida –, uma forma geométrica ou um padrão observado na natureza, um colar que ornamentasse o colo de alguma mulher em um restaurante ou as orelhas da atriz de Hollywood a que assistira no cinema. Em sua mente, as ideias para novas joias podiam surgir a qualquer momento.

Um amigo conhecia bem aquela faceta, Octávio Vallejo, que Alencar Burti conhecera como vice-presidente de Comunicações da Abrave.

– *De carro você não entende bulhufas, mas de joias, você sabe tudo* – costumava dizer em tom de brincadeira.

Linha do Tempo

❖1964
Entra para a Aralesp

❖1974
Ajuda a fundar a Assobrac

❖1975
Entra para a Abrave

❖1976
Entra para a Abradif

❖1979
Lei Renato Ferrari é sancionada

Isso porque, embora o comércio de veículos fosse o principal ponto em comum entre os dois e uma causa pela qual Burti trabalhava com empenho, era inegável que as joias nunca deixaram de ser sua paixão. A *expertise* do amigo em matéria de pedras preciosas ficou patente em uma viagem dos dois a Nova York, para um congresso de revendedores de veículos. Entre os hóspedes do mesmo hotel, estava um grande grupo de joalheiros, cujos segredos Alencar logo desvendou:

– *A moça que acabou de passar aqui do lado usava um par de brincos falsos. Já aquele colar ali, de esmeraldas, é verdadeiro* – revelou ao amigo. Para provar, puxou conversa com a mulher que usava uma joia falsa e confirmou sua aposta.

Como Octávio não compreendia a razão daquilo, Burti explicou que muitos joalheiros e suas esposas andavam também com imitações perfeitas, destinadas a passeios considerados menos seguros.

– *E as joias verdadeiras, você sabe onde ficam escondidas durante as estadas no hotel?* – fez o desafio ao amigo Vallejo.

No cofre seria a resposta mais óbvia. Porém, Burti revelou o que espertamente sabia: aquele pessoal não dava ponto sem nó. Literalmente. As joias, explicou, eram costuradas na barra das cortinas do quarto durante a estada.

Por todos esses motivos, o tempo era, definitivamente, um bem precioso. Talvez por isso mesmo, tenha decidido dispor um pouco desse verdadeiro "artigo de luxo" em favor dos colegas do setor. Um trabalho que começara alguns anos antes, quando ainda trabalhava no centro da cidade, como revendedor de carros usados. Enfim, pesava também uma característica forte de seu caráter: aglutinar pessoas em torno de propósitos comuns, enfrentar desafios e conquistar resultados para toda a população.

Proveniente de uma tradicional família paulista, Eduardo de Barros Martins, secretário da Fazenda do Estado de São Paulo em 1965, era dono de um banco. Uma pessoa bastante acostumada a lidar com dinheiro e falar sobre o assunto. Não foi surpresa, portanto, quando recebeu em seu escritório, na avenida Paulista, mais um entre tantos negociadores que o visitavam. Entretanto, Alencar Burti não queria tratar de assuntos relativos ao mercado financeiro. O vice-presidente da Associação dos Revendedores de Automóveis Lojistas do Estado de São Paulo (Aralesp) desejava falar sobre algo bastante familiar aos comerciantes de diversos segmentos produtivos: tributos. O presidente da entidade era João Borges, famoso criador de cavalos, que acumulava ainda a presidência do Nacional Club, fundado em 1958, para reunir a nata da sociedade paulista em um belíssimo casarão do arquiteto francês radicado no Brasil, Jacques Pillon, no bairro Pacaembu. A habilidade de Burti para a conversa, no entanto, fez com que ele, mesmo mais jovem, fosse o escolhido para conversar com o secretário.

O assunto que vinha pesando no bolso dos vendedores de carros usados, no caso, era o Imposto sobre Circulação de Mercadorias (ICM), que, à época, "comia" 15% dos rendimentos dos comerciantes, sobre uma margem de faturamento que já era pequena.

– *Ninguém faz nota de carro usado. E a gente ganha só 2% de lucro* – disse Burti, mostrando a contabilidade desfavorável.

Com os números revelados sobre sua mesa, Martins concordou que a redução da alíquota faria bem ao negócio, e o imposto passou a incidir sobre 10% do valor dos carros usados.

Foi a primeira missão e também a vitória inicial de Burti como representante de uma categoria profissional. A reunião, com o objetivo de começar a disciplinar uma atividade que até então não funcionava sob uma legislação específica, foi novidade o bastante para merecer uma nota na edição de 25 de novembro do jornal *O Estado de S. Paulo*. Até então, por mais que os colegas joalheiros incentivassem Burti a contribuir com as associações do grupo, ele nunca havia realmente encontrado tempo ou estímulo para participar dessas atividades. Com o mundo dos automóveis era diferente. Ao contrário do mercado de joias, as concessionárias eram, na primeira metade dos anos 1960, um ramo ainda não consolidado. O carro era um bem mais caro, cuja compra demandava grande disponibilidade financeira e planejamento por parte do comprador, e o produto em si era significativamente mais complexo. Além disso, como toda atividade que ainda não conta com décadas e décadas de existência, tudo parecia estar ainda escrito com tinta fresca: as regras do jogo, a dinâmica do mercado e o papel de cada um, fosse ele do governo, das montadoras ou dos distribuidores, diretos e de segunda mão (veículos usados).

Vale lembrar que a regulamentação do mercado automobilístico ainda era, de modo geral, a mesma cartilha estabelecida na ocasião da chegada das primeiras montadoras ao País, na década de 1920. Naquele tempo, contar quantos comerciantes de carros existiam em São Paulo não deveria exigir mais do que os cinco dedos de uma só mão. O mercado era pequeno, e a ideia de que os vendedores poderiam vir a constituir um grupo relevante era distante, talvez inexistente. Não havia escala nem contexto político que justificassem o nascimento de nova categoria profissional.

Trabalhando sob os auspícios do governo brasileiro desde praticamente a data do início de suas atividades, a indústria automobilística viu sua produção expandir-se nos 40 anos seguintes, o que modificou o cenário de maneira significativa. O automóvel era um objeto de consumo tangível à classe média, e não mais um luxo inacessível, como nos primeiros anos. Com o desenvolvimento do mercado, cresceu o número de lojas e concessionárias de veículos. E esse movimento estava longe de terminar, uma vez que, entre os anos 1960 e o início dos anos 1970, o Brasil vivenciou algo que se denominou o "milagre econômico". Entre 1968 e 1973, as taxas de crescimento anual do Produto Interno Bruto (PIB) atingiram os dois dígitos e a inflação foi baixa para os parâmetros locais. O País parecia, finalmente, ter se tornado o gigante "pela própria natureza", como diz a letra do seu hino nacional. Era a coroação, em território brasileiro, de uma época conhecida mundialmente como os "30 anos gloriosos".

O "milagre" foi o resultado de uma feliz combinação de fatores econômicos, internos e externos. No plano brasileiro, começaram a fazer efeito as medidas restritivas impostas pelo general Humberto de Alencar Castelo Branco, ditador que assumiu o governo do País após o Golpe Militar em 1964, por meio do Programa de Ação Econômica do Governo (Paeg), que propunha cinco principais objetivos: combater a inflação; aumentar os investimentos estatais; reformar o Sistema Financeiro Nacional; diminuir as desigualdades regionais, em particular entre o Sul e o Norte, e atrair investimentos externos. As reformas fiscais e tributárias postas em prática até 1967 pretendiam fixar uma moeda estável, sanar o déficit orçamentário e preencher as lacunas do sistema financeiro. Para isso, o governo federal reduziu gastos, elevou a arrecadação de impostos e racionalizou o sistema tributário. No setor financeiro, criou o Banco Central e novos instrumentos de correção monetária, além de aumentar o financiamento público, por meio de títulos do Tesouro Público, e incrementar a estrutura do mercado de ações. Foram ministros da Fazenda, nesse período, os economistas defensores do liberalismo: Otávio Gouveia de Bulhões e Roberto Campos.

Nesse panorama, o mercado internacional vivia um período de forte liquidez. Havia grande disponibilidade de crédito e os juros praticados eram baixos, menos de 3% ao ano. Isso permitiu que empresas e governos pudessem acessar recursos a custos baixos e, dessa forma, alavancar sua expansão. O fluxo de investimentos externos diretos para o Brasil dobrou de patamar no início dos anos 1970, chegando a US$ 1,1 bilhão em 1973. Além de ter a entrada de capitais favorecida, o Brasil se beneficiou da alta no preço das *commodities* e das medidas de incentivo às exportações. Eram ainda mais dólares entrando no País.

Considerada o segmento-chave para o desenvolvimento nacional ao longo das últimas décadas, a indústria automobilística não poderia deixar de se beneficiar desse movimento. O crédito ao consumidor se expandiu e, consequentemente, os carros se tornaram ainda mais acessíveis às classes média e média baixa. A própria indústria, por sua vez, passara por uma reestruturação no fim da década de 1960. A Willys foi absorvida pela Ford, a International e a Simca pela Chrysler, a Volkswagen comprou a Vemag, a Alfa Romeu e a Fábrica Nacional de Motores (FNM), ou "fenemê", como a população se referia aos caminhões que ela fabricava.

Buscando atender o público que agora podia comprar seu primeiro carro, os automóveis de pequeno porte ganharam espaço nas montadoras. A diversificação da produção foi outro fator a guiar as fabricantes, e, dos 13 modelos disponíveis no mercado brasileiro em 1968, a oferta subiu para 63 em 1975. A ditadura militar, além disso, buscou dar continuidade ao programa de Juscelino Kubitschek, destinado a atrair novas fabricantes. A propaganda do governo chamou a atenção de algumas montadoras interessadas em expandir suas operações naquela época de prosperidade, por isso as marcas já instaladas no Brasil reagiram alegando que o mercado interno seria desestabilizado pela entrada de novos agentes. Com isso, apenas mais uma grande fabricante de veículos, a italiana Fiat, instalou-se no País à época. Os incentivos fiscais oferecidos pelo governo de Minas Gerais ajudaram, e o parque industrial foi fixado na cidade de Betim, região metropolitana de Belo Horizonte.

O período do "milagre" foi um dos mais ambíguos vividos pelo Brasil. Por um lado, a economia crescia de maneira veloz e todos os olhos estavam voltados para a pujança do "País do futuro". Por outro, pouco ou nada acontecia em termos de redução da desigualdade social. E havia, ainda, a repressão política, não apenas nos quartéis das forças armadas, como especialmente nas delegacias e celas do Destacamento de Operações de Informações – Centro de Operações de Defesa Interna (DOI-CODI) e do Departamento de Ordem Política e Social (DOPS). O Ato Institucional n. 5, em 1968, suspendera as garantias constitucionais que haviam sobrevivido ao Golpe e aos atos institucionais anteriores. O poder sobre a vida e a morte estava nas mãos dos militares.

A propaganda oficial, no entanto, era calcada no otimismo e no sentimento patriótico. Esse espírito se refletia nos números absolutos da produção automobilística, ano após ano. De 165 mil unidades produzidas em 1968, passou para 306 mil, em 1970, e 691 mil, em 1974. Os veículos utilitários, grupo que abarca ônibus e caminhões e, via de regra, acompanha o ritmo de crescimento da economia como um todo, seguiam a mesma toada.

Mas a bonança não alcançaria a segunda metade da década de 1970. Tanto o "milagre brasileiro" quanto os "30 anos gloriosos" foram golpeados em 1973, pelo evento que ficou conhecido como o primeiro "choque do petróleo".

O apoio dado pelos Estados Unidos a Israel na Guerra do Yom Kippur, deflagrada contra Egito e Síria, uniu os produtores de petróleo do Golfo Pérsico – Arábia Saudita, Irã, Iraque e Kuwait – em um embargo ao Ocidente. O preço do barril do óleo disparou de US$ 2,90 para US$ 11,56 em apenas dois meses. Com as comportas do maior foco produtor da *commodity* fechadas, houve um grande choque de oferta nas principais economias do mundo ocidental, o que gerou reflexos profundos nos países subdesenvolvidos e endividados, como o Brasil. Os países ricos se viram forçados a reduzir os gastos públicos e as importações de petróleo, além de elevar suas taxas de câmbio e de juros para preservar as contas externas e buscar outras formas de geração de energia.

Já o Brasil, temendo o desemprego e os desequilíbrios no setor produtivo, manteve as compras do óleo mesmo com o alto preço praticado no mercado e, ao mesmo tempo, estimulou a exportação de bens manufaturados para, assim, equilibrar a balança comercial. Mas a conta não tardou a chegar. Nos anos seguintes, o endividamento brasileiro começou a subir, e o nível de crescimento do PIB foi se reduzindo aos poucos. Afinal, tudo o que se faz de bom, ruim ou se deixa para depois tem um preço. Algum dia, mesmo que lá adiante, a conta chegará com multas, juros e correções monetárias...

Além dos efeitos na balança dos países, o choque representava problemas para se obter aquele que era, literalmente, o combustível da economia. Com a oferta de petróleo baixa no mercado internacional e as compras pesando como nunca, dirigir tornou-se uma atividade custosa. Embora o Brasil não tenha vivenciado o racionamento de gasolina e filas quilométricas para comprá-la, como as vistas nos Estados Unidos, o uso diário do carro passou a ser dificultado. Houve até quem adaptasse velhas carroças para o uso nas cidades. Com a crença no certeiro e luminoso futuro do País abalada e a oferta barata e aparentemente infinita de petróleo no passado, a realidade da indústria automobilística não seria mais aquela dos anos dourados do visionário JK. Para as nascentes associações de concessionários, isso significava ainda mais desafios.

O Brasil já tinha adquirido razoável tradição em entidades de classe. No que tange ao universo do varejo, as associações comerciais brasileiras nasceram na época em que o País deu adeus ao status de colônia e surgiram os primeiros empreendedores, mais parecidos com o que conhecemos hoje. Tão logo a família real e a sede do império português se instalaram por aqui, em 1808, os portos brasileiros, antes proibidos de realizar transações comerciais com navios vindos de outros lugares que não Portugal, foram abertos às "nações amigas". Com boa parte da Europa dividida entre a influência da França, de Napoleão Bonaparte, e da Inglaterra, as tais parceiras consistiam, basicamente, apenas no Império Britânico. Mas essa limitação era irrelevante para a burguesia portuguesa e brasileira.

Na ocasião em que era fundamental dinamizar a atividade comercial no Brasil, do dia para a noite alçado ao posto de sede imperial, comerciantes urbanos, manufaturadores, agricultores e profissionais liberais receberam um estímulo inédito para expandir suas atividades. Um dos indicativos iniciais foi o alvará dado por Dom João VI para a construção da Praça do Comércio do Rio de Janeiro, a primeira do País. Foi o nosso primeiro centro de negócios. Com o crescimento do comércio e das atividades a ele ligadas, surgiu a necessidade de criar associações entre as categorias. Na Europa, as cidades conheciam esse modelo desde pelo menos o século XII, quando surgiram as corporações de ofício.

Em julho de 1811, apenas três anos depois da conversão do Brasil em metrópole, foi instituída em Salvador, Bahia, a primeira Associação Comercial brasileira, que passou a ser responsável pela dinâmica do comércio local. Nos anos seguintes, constituíram-se novas entidades do gênero ao redor das diferentes praças de comércio. As associações comerciais do Pará e de Pernambuco, por exemplo, nasceram no ano de 1819. Essas organizações se dedicavam a articular o comércio entre a Europa e as regiões do Rio de Janeiro e do Nordeste, tradicionais polos comerciais no Brasil de então.

A introdução da atividade cafeeira no Sudeste, primeiro do Rio de Janeiro e, posteriormente, em São Paulo, trouxe importância para a região, algo que se refletiu positivamente na economia nacional. Em 1870, quando a cafeicultura já era uma atividade relevante e a capital da província começava a deixar para trás suas feições de vila, São Paulo viu nascer seu primeiro órgão comercial: a Associação Comercial de Santos. Sua atuação fez com que a cidade passasse a receber melhorias de infraestrutura, sobretudo na sua região portuária, para melhor atender o fluxo de mercadorias e pessoas que se intensificava. Pouco mais de dez anos depois, em 1884, a capital viu surgir a Associação Comercial e Agrícola de São Paulo, que reunia empresários da agricultura, do comércio e da indústria.

Com o Império vivendo seus últimos anos, imerso em agitações políticas e sociais, como os movimentos republicano e abolicionista, essas categorias compreenderam que, reunidos, poderiam defender melhor suas atividades e, de fato, promover o progresso que se insinuava naquele fim do século XIX. Estavam na linha de frente desse grupo nomes como Antônio da Silva Prado, Antônio Proost Rodovalho e Eduardo Prates, ligados, no interior, à cafeicultura e, na capital, a negócios comerciais, bancários, ferroviários e imobiliários. Era, em resumo, a antiga aristocracia paulista. Alguns, como Prates, tinham títulos de nobreza durante o Império. Outros tantos, como Antônio Prado, tão logo a República fosse instalada, o que aconteceu em 1889, se tornariam governantes – Prado foi o primeiro prefeito de São Paulo.

Mas o Brasil não seria para sempre uma terra dirigida apenas por aristocratas. Com a chegada dos imigrantes, desencadeiam-se o trabalho livre e o crescimento populacional e territorial. Por esse motivo, os administradores públicos e líderes da sociedade civil se tornam um grupo variado, em termos de origem geográfica ou social. Nas décadas seguintes e, sobretudo, após a entrada no século XX, as associações de classe cresceram, ao lado dos sindicatos de trabalhadores. Com eles, a dinâmica econômica, política e social brasileira ganhou outros atores de peso, além do governo e de grandes empresários, donos de imensas extensões de terra ou grandes conglomerados industriais. Sem berço de ouro, títulos nobiliárquicos, herança ou nome de peso, centenas de empresários não só ergueram seus negócios, como também, em conjunto, promoveram significativas conquistas para os setores que representavam.

No ano de 1931, visando reunir todas as entidades representativas de empresários e trabalhadores sob sua tutela, Getúlio Vargas criou, por decreto, novas condições para a atividade dessas associações. Assinalando as intenções do governo federal, uma das condições impostas era *"a afirmação de que a associação agirá como órgão de colaboração com os poderes públicos e as demais associações no sentido da solidariedade das profissões e da sua subordinação aos interesses nacionais"*. Foi a primeira vez que o governo disciplinou esse tipo de atividade.

A estrutura, atuação e atividade das associações de classe variavam de acordo com o momento político e os regimes governamentais. O que não mudou foi a sua necessidade de existir. As rápidas mudanças econômicas e sociais às quais o Brasil foi submetido durante o século XX impulsionaram a criação de um sem-número de sindicatos, associações e federações, por categoria profissional, empresa, cidade ou estado. O mercado automobilístico não era exceção.

Com o crescimento do setor, os vendedores e concessionários de veículos foram, aos poucos, estruturando-se como categoria. Desde os anos 1950, o País vivia um período de euforia, com a percepção de que estava, finalmente, adentrando a prometida modernidade. E a indústria automobilística gozava de uma aura e privilégios sem igual. Os presidentes Getúlio Vargas e Juscelino Kubitschek se encarregavam de, pessoalmente, lidar com os representantes das sedes das montadoras, como Ford, General Motors e Volkswagen, além de visitar fábricas e criar uma série de estímulos à atividade. Os produtores retribuíam entregando às autoridades os primeiros exemplares dos novos modelos. Foi assim que Vargas, em 1953, conheceu a "perua" Kombi e o "besourinho" Fusca.

No regime militar, que vigorava desde 1964 do mesmo modo, tudo parecia estar sobre os trilhos, ou mais exatamente sobre os pneus, ao menos do ponto de vista econômico. As distribuidoras de veículos haviam operado, nas últimas décadas, um papel fundamental nessa dinâmica. E, com os impasses nascidos do choque do petróleo e o recuo na trajetória de crescimento do País, seus integrantes sabiam que haveria muito por fazer... E que a melhor maneira de agir era em conjunto, unidos nos mesmos ideais.

Em 1961 foi fundada a Associação de Concessionários de Veículos de São Paulo (Acovesp). No ano seguinte, nasceu, também em São Paulo, a Associação Brasileira de Revendedores Autorizados de Veículos (Abrave), que rapidamente começou a se articular para buscar melhorias e defender os interesses do setor. Algumas entidades classistas tiveram a visão de, além do que lhes cabiam, atuar no interesse da sociedade, do País. Em 1966, a Abrave implementou comissões internas de estudos e pesquisas de mercado, e, em 1967, surgiram as diretorias de relacionamento com as fábricas, um órgão fundamental em tempos nos quais os revendedores tinham pouca autonomia em relação às montadoras. Eram as fábricas, definitivamente, que davam todas as cartas. Aos concessionários cabia acatar essas decisões.

Foi nesse contexto de mudança de mentalidade que surgiram as primeiras associações de marcas. Um dos primeiros grupos de revendedores a se organizar foi o de concessionários Ford, em 1970. Naquele ano, a empresa passou por uma reestruturação, que contou com a compra da Willys e a absorção da rede de revendas da marca. Um grupo de concessionários criou uma instância que permitisse realizar a organização de todos os vendedores e que tornasse viável o diálogo com a montadora – algo praticamente impossível de ser feito de maneira individual. Entre abril e junho daquele ano, um grupo de vendedores e representantes da marca participou de três reuniões plenárias no estado do Paraná. Do encontro veio a sugestão de criar um órgão que viesse a facilitar e melhorar o diálogo entre fábrica e seus revendedores.

A Ford acatou a sugestão e convocou três revendedores de cada um dos seus seis distritos operacionais, somando 18 concessionários, para, provisoriamente, constituírem o Conselho de Vendedores. Uma primeira reunião foi marcada para junho daquele ano, na sala de reuniões da diretoria da Ford, em São Bernardo do Campo, na região do ABC paulista. Nesse encontro, os representantes da montadora apresentaram um documento com os termos que, segundo eles, seriam as atribuições do futuro Conselho. Para a Ford, o grupo deveria se constituir em um órgão consultivo e informativo, que apresentasse problemas e sugestões em relação à rede de revendedores e ao mercado.

A ideia de alguns revendedores, por sua vez, era mais abrangente. Eles viam o Conselho como um órgão deliberativo e representativo de toda a rede, uma verdadeira associação de classe. Após discussões e ponderações de ambos os lados, foi colocado em prática um modelo que ficava entre essas duas visões. O Conselho Provisório constituiu uma comissão composta por três revendedores, que tomariam todas as providências de redação dos estatutos, representação junto à Ford e, por fim, a constituição e instalação do Conselho. A comissão eleita pelos 18 fundadores foi constituída pelos revendedores Manoel Mário de Araújo Pismel,

Francisco José Caltabiano e Lourenço Carlos Sampaio Góes. Esse grupo reuniu-se com os gerentes e diretores da Ford. Para isso, realizaram várias viagens por quase todo o País e aproveitaram para participar das convenções da Ford, em Curitiba, São Paulo e Fortaleza, com o propósito de promover as assembleias distritais e eleger os membros definitivos, com mandatos de dois anos. O estatuto foi aprovado na primeira reunião do novo conselho, em outubro de 1970, no Nacional Club, em São Paulo. Surgiu, assim, o Conselho Nacional dos Distribuidores Ford (CNDF), com duas câmaras distintas: a de automóveis, que reunia os vendedores de automóveis, com o nome Associação Brasileira dos Distribuidores Ford (Abradif) e a de tratores e máquinas agrícolas, denominada Associação Brasileira dos Distribuidores Ford de Tratores e Equipamentos (Abraforte).

Em 1974, os revendedores Chrysler iniciaram um processo parecido. Alencar Burti, que já atuava como revendedor Ford, não acompanhava mais os negócios da marca de perto, mas tinha grande conhecimento sobre ela, por isso, com a soma de suas experiências, ajudou a criar a Associação Brasileira de Revendedores Autorizados Chrysler (Assobrac). Não seria a única entidade que ele ajudaria a fundar, nem mesmo de um único setor.

Sua principal atuação junto a um grupo de revendedores, porém, se daria pela Ford. Em 1975, Alencar Burti foi escolhido pelos colegas para presidir o Conselho Nacional dos Distribuidores no biênio seguinte. Era a metade de uma década significativa não apenas para a economia do País, mas também para a Ford. Entre 1968 e 1977, a montadora apresentou carros que marcariam a história do automobilismo e a memória de muitos brasileiros. Modelos como o Corcel – e toda a sua família, que incluía a Belina e, mais tarde, o Del Rey – aliavam desenho sofisticado e avanços técnicos, e se tornaram objeto de desejo de muitos, além de terem reinado na garagem de milhões de consumidores. O Corcel 1970 chegou a ser definido naquele ano pela revista Autoesporte como "o carro mais bonito do Brasil". O Maverick, surgido em 1973, teve versões sedã e cupê, e foi beneficiado tanto pela forte estratégia de marketing criada pela Ford quanto por seus potentes motores, que logo atraíram a atenção do brasileiro. O Galaxie, um sedã luxuoso, teve sua produção iniciada em 1967, e dispunha de moderníssimos itens, como ar-condicionado e direção hidráulica. Dele derivaram novas versões, ainda mais luxuosas, como o LTD e o Landau. O fato é que o público desejava os carros da Ford, quando Alencar Burti se tornou presidente do Conselho. Alarico Assumpção Junior, que mais tarde se tornaria presidente da Fenabrave, foi um dos companheiros de causa, cuja amizade Burti conquistou naquela época. Quando o conheceu, Alarico percebeu estar diante de um líder classista nato e de alto poder agregador, cujo espírito de liderança conquistava aliados e admiradores por onde passasse.

Os revendedores, por sua vez, requeriam a atenção para si. Nessa gestão, entre 1976 e 1978, o Conselho incorporou a câmara de Distribuidores Ford de Tratores e Equipamentos, entregue ao concessionário Manoel Mário de Araújo Pismel, enquanto Octávio Leite Vallejo ficou com a comissão de automóveis. A reunião fez com que o Conselho, que agora mantinha sob o seu guarda-chuva também a Abradif e a Abraforte, ganhasse força e coesão.

Também foi preciso defender os interesses dos concessionários frente à Ford. Uma tarefa difícil, já que a regulamentação do setor favorecia a montadora. O grupo vivia uma conjuntura de dificuldades de mercado, pois os distribuidores sofriam redução de sua margem de lucro, da ordem de até 60%. E havia ainda muitos problemas, como concessionárias da mesma marca localizadas muito próximas umas das outras, falta de autonomia para decidir quantos e quais modelos vender na loja e mudanças repentinas nos planos de negócios, vindas sempre de cima para baixo. Esses eram entraves comuns a muitos concessionários na segunda metade da década de 1970. Burti, com a capacidade agregadora, que começara a desenvolver nos tempos em que vivia na pensão da avó, e a retórica de convencimento lapidada no comércio, trabalharia nesses problemas um a um. Mesmo que fosse preciso comprar briga com a montadora e até mesmo arranhar seus legítimos interesses comerciais.

Sob a liderança de Alencar Burti, os concessionários lutaram pela implantação de normas de comercialização que não só sanearam o mercado como também asseguraram sua margem de faturamento. O maior resultado das ações de defesa da atividade foi a diminuição sensível das invasões de áreas de vendas, com a consequente melhoria na rentabilidade da maioria da rede e na distribuição de veículos e assistência técnica otimizada, o que contribuiu de maneira decisiva para favorecer a imagem dos produtos da marca. Paralelamente, o grupo lutou pelo aumento de margem e pelo preço de mão de obra em garantia, objetivos obtidos em parte.

"O importante é ter presente que o Conselho é uma associação muito acima de uma diretoria. Cada período que ele sobrevive é a melhor contribuição para o seu engrandecimento e afirmação", refletiu Alencar Burti em discurso feito no encerramento da sua gestão, já no ano de 1979. *"A função de um presidente e de sua diretoria é manter o espírito de coesão em sintonia com os objetivos que representem a média das aspirações. Essas metas devem ser perseguidas com tenacidade e determinação"*, completou.

Era importante lembrar ainda que, naqueles dias, começava um novo ciclo para o setor de revendas de automóveis: a norma legal n. 6.729/79, conhecida como Lei Renato Ferrari. Finalmente, ela foi sancionada pela presidência da República, colocando fim em décadas de discrepância entre os direitos das montadoras e os das concessionárias.

Ao mesmo tempo em que presidia o Conselho de Revendedores Ford, no ano de 1975, Alencar Burti acumulava a função de vice-presidente da Abrave, entidade onde ingressara no fim dos anos 1960, durante a gestão de Eduardo Saddi.

Havia tempo que a associação nacional de concessionários e as entidades de marcas se articulavam para exigir mais direitos e autonomia. Não demorou para que eles notassem que boa parte dos problemas enfrentados pela categoria poderia ser resumida na ultrapassada legislação, que conduzia a sua atividade, e nos contratos individuais e pouco padronizados, que regulamentavam o negócio. Baseado nas primeiras regulamentações do setor, da década de 1920, e complementado nos anos 1950 com novos modelos de concessão, o sistema era frágil e, na opinião dos concessionários, pouco benéfico para o mercado. As fábricas tinham o poder de cancelar concessões, sem aviso e sem pagar indenização, e os vendedores eram obrigados a manter estoques de carros, acessórios e peças de acordo com o volume e prazos determinados pelas montadoras. Na prática, os concessionários quase não tinham direitos em relação à fabricante.

Não existia, além disso, um ordenamento jurídico com força de lei atualizado, que, de maneira organizada e igualitária, orientasse a atividade. Em tempos de pós-milagre, com a economia dando sinais de que perdia o fôlego, não era bom negócio permanecer no escuro, com os revendedores à mercê das fábricas. E isso acabava também criando problemas aos consumidores e à sociedade em geral. Era preciso criar uma lei.

O projeto jurídico veio à luz na Associação Brasileira de Distribuidores Autorizados Volkswagen (Assobrav), entidade formada em 1968, e foi encaminhado à Abrave, onde Alencar Burti, vice-presidente na gestão de Eduardo Saddi, tomou conhecimento sobre ele. Atento, ele sugeriu o nome do concunhado, Renato Ferrari, para trabalhar no texto.

– *Meu sócio é advogado e pode cuidar disso com vocês* – garantiu.

Ferrari também era membro antigo da Abrave e sucederia Saddi na presidência da associação, na gestão 1975-1980. Nos meses seguintes, já como presidente da Abrave, Ferrari começou a se debruçar sobre a redação do projeto de lei. A primeira providência tomada foi elaborar a definição dos distribuidores de veículos automotores como categoria específica perante o Ministério do Trabalho, o que foi obtido pela Resolução n. 312.943-75. Definida a categoria, ficou mais fácil delinear, no diploma legal, o papel e as funções dos concessionários. A Abrave e as associações de marcas também saíam ganhando, uma vez que o grupo que elas representavam ganhava maior clareza frente à lei.

O principal norte dos responsáveis pela elaboração de um diploma legal era estabelecer o equilíbrio jurídico entre as partes, fábricas e concessionários, com direitos e deveres semelhantes. Mas sempre levando em conta a complexidade comercial, técnica, administrativa e financeira da atuação dos distribuidores. O trabalho, liderado pelo advogado, teve a participação de toda a rede de vice-presidentes, conselheiros e membros da Abrave e das distribuidoras, em um esforço coletivo de criar um texto que desse, enfim, maior segurança e liberdade para os concessionários de veículos do País.

Com a redação concluída, em fins de 1975, era hora de passar à etapa seguinte para que a lei pudesse valer: batalhar pela sua aprovação em Brasília, primeiro no Congresso Nacional e, por fim, na sanção da presidência, então ocupada pelo general Ernesto Geisel. Sabendo do desafio que era conduzir um projeto de lei de seu interesse pelos corredores e personagens do Congresso, Renato e Burti se engajaram na empreitada. Entre 1976 e 1979, por várias semanas, eles passavam entre três e quatro dias da semana na capital federal, criando contatos, comparecendo a sessões do Congresso e fazendo o projeto de lei ser conhecido e compreendido. Dominando bem os números do setor, seu peso na economia, a quantidade de pessoas que empregava e a cifra em tributos que entregava ao orçamento público, Burti tinha na sua boa memória um punhado de bons argumentos para convencer quem quer que duvidasse da pertinência e da urgência da lei proposta pela Associação. Para quem sempre soube vender aquilo que reconhecia ter valor, fossem joias, carros ou ideias, fazer a lei ser aprovada era mais um trabalho a ser empreendido com firme perseverança e alta capacidade de convencimento.

Em 1977 parecia que essa primeira vitória da Abrave aconteceria, mas ela não foi completa. A lei foi aprovada pelo Congresso, mas, no início do ano seguinte, o presidente Geisel a vetou. Era preciso batalhar mais. Após a recusa, distribuidores e fabricantes trabalharam em um texto conjunto, chegando a uma versão mais ajustada da norma. Boa parte do desafio vinha do que a situação tinha de novidade, pois, ainda hoje, mais de 40 anos depois, são poucos os países que contam com uma legislação específica para o setor de revenda de automóveis – a Inglaterra, por exemplo, está nesse grupo. Na América Latina do fim da década de 1970, nenhum lugar dispunha de uma lei do tipo, e o Brasil queria dar o primeiro passo.

A nova versão da lei trazia uma série de mudanças para os dois lados do negócio, em condições de fato igualitárias. A parte que quebrasse o contrato de concessão antes do prazo estipulado, fosse a concessionária ou a fábrica, deveria indenizar a outra. O potencial de mercado de cada perímetro geográfico balizaria a quantidade de concessionárias de uma mesma marca que poderiam ali se instalar – antes da lei, as fabricantes podiam fundar duas revendedoras muito próximas uma da outra, o que causava perdas à rede. Cada loja teria sua área de operação assegurada, dando mais segurança quanto ao futuro do investimento realizado. A cota da produção que cada concessionário poderia vender em um ano seria combinada entre as duas partes, com base na capacidade empresarial, nas feições do mercado e no desempenho de comercialização do revendedor. Isso era radicalmente diferente de até então, quando a fábrica modificava de maneira repentina e unilateral o volume de produtos que entrava nas concessionárias. O revendedor também ganharia maior controle quanto à quantidade de veículos que poderia manter em estoque, obedecendo apenas ao limite máximo da cota anual recebida da fabricante. Foram definidas, ainda, as convenções da categoria de distribuidores, responsáveis por representar os concessionários.

Em 20 de novembro de 1979, com a cadeira da presidência da República agora ocupada por um novo representante, a legislação foi aceita. O general João Batista de Oliveira Figueiredo sancionou a lei, que ganhou o número 6.729 e o apelido do seu principal redator, então presidente da Abrave e sócio de Burti há uma década no negócio de automóveis: Lei "Renato Ferrari". E não só beneficiaria os diretamente interessados, como também toda a população brasileira, com a garantia de maior oferta e possibilidade de livre escolha na busca de beleza, conforto, qualidade e preço.

Uma ponte havia sido atravessada, e Burti sabia o que passava sob ela.

Capítulo 5

Capítulo 5

Tempos de crise

"É preciso ser um pedinte com dados objetivos."

A travessia do caudaloso rio de dificuldades não estava nem perto da metade...

Só mesmo a paixão do brasileiro por carros e os restos do milagre econômico para segurar a situação dos concessionários. Embora com a nova lei "Renato Ferrari" garantindo segurança comercial e jurídica à atividade, o cenário de crise não seria revertido tão cedo. Os motivos eram tanto a economia brasileira quanto o petróleo, que, após o abalo de 1973, sofreriam novos choques. O primeiro ocorreu dez meses antes da sanção do presidente Figueiredo à Lei n. 6.729. Mais uma vez, o foco estava no Oriente Médio.

Desde 1941 o Irã era governado pelo Xá Reza Pahlevi, líder de uma monarquia autocrática alinhada com o Ocidente. Em fins dos anos 1970, no entanto, a popularidade do rei estava muito baixa. Repressão política, censura, avanço da cultura ocidental e problemas econômicos desagradavam desde os setores religiosos da sociedade iraniana até os liberais e socialistas. Protestos contra o Xá começaram a inundar as ruas de Teerã no fim de 1978. A princípio, o exército reprimia fortemente os manifestantes, mas, conforme os protestos ganhavam fôlego, as forças armadas começaram a se desintegrar. Foi a deixa para que o religioso Ruhollah Mousavi, o Aiatolá Khomeini, que ascendera como líder do movimento contra o Xá, conduzisse a chamada Revolução Islâmica, com o apoio dos setores religiosos do país. Com feições marcadamente antiocidentais, a tomada do poder no Irã causou nova turbulência no mercado internacional de petróleo. Além de a produção iraniana ter sido paralisada logo após a revolução, o novo governo passaria a controlar o preço da *commodity*. Era o segundo choque do petróleo. O preço do barril triplicou, e a gasolina passou a corresponder a 46% do volume de importações realizadas pelo Brasil.

Na entrada da década de 1980, Alencar Burti trabalhava firme na aprovação da Lei "Renato Ferrari" pela Abrave e era presidente do Conselho Nacional de Distribuidores Ford (CNDF). O grupo se preparava para organizar sua convenção coletiva, na esteira das mudanças propostas pelo novo diploma legal.

O choque do petróleo levou a um desequilíbrio nas contas externas do País, este ainda mais devastador do que o de 1973. A economia, no decorrer dos anos 1970, não havia se recuperado – pelo contrário. E um novo choque do petróleo acentuou as características negativas que já se desenhavam na economia. A inflação avançava, assim como os déficits na balança e o custo da dívida soberana. *"As indústrias de veículos automotores, como a Ford, dependem de soluções gerais e internacionais e nenhuma, por si só, pode apresentar uma solução unilateral"*, avisou Burti aos colegas do CNDF. *"E nós, a quem não resta senão esperar essas soluções e definições, ao contrário do que possa parecer à primeira vista, não podemos e não devemos ficar estáticos"*, defendeu Burti.

Não era o momento de discutir design do produto, cores e equipamentos para o conforto do usuário. Cabia às associações alertar as fábricas para a realidade do campo e os anseios do usuário de veículos, sobretudo em relação à parte econômica, insistindo em uma distribuição correta no âmbito da rede. O Brasil estava em crise, e seria preciso muita insistência e habilidade para prosseguir. E havia, ainda, a questão da gasolina. O alto custo do combustível no mercado internacional foi sentido pelo consumidor, colocando em risco a dinâmica econômica e, em detalhe, a cadeia automobilística, das fábricas aos vendedores. Sem petróleo em abundância, era preciso encontrar uma alternativa que mantivesse os carros rodando. E a alternativa estava em um produto com o qual o Brasil tinha um relacionamento centenário: o álcool da cana-de-açúcar.

Linha do Tempo

❖1980
Abre revendas Agrale e Yamaha

❖1981
Ajuda a fundar a Abrada

❖1988
Assume a presidência da Abrave, que se torna Fenabrave

❖1990
Revisão da Lei Renato Ferrari

O Programa Nacional do Álcool, conhecido como Proálcool, foi lançado pelo governo federal em 1975, logo após a primeira crise do petróleo. Na época, o preço do açúcar estava em queda, o que aumentou o interesse dos produtores de cana em direcionar seus horizontes para o etanol. A princípio, a ideia era produzir álcool e misturá-lo à gasolina, mas, com o segundo choque do petróleo, o programa ganhou reforços. Foram criados o Conselho Nacional do Álcool (CNAL) e a Comissão Executiva Nacional do Álcool (Cenal) para se dedicarem exclusivamente à tática. O físico José Walter Bautista Vidal e o engenheiro Urbano Ernesto Stumpf trabalharam na criação do motor a álcool, com o apoio da classe dos produtores de cana e empresários de diversos setores. O plantio da matéria-prima, enquanto isso, era incentivado por meio dos subsídios governamentais.

O motor a álcool, invenção essencialmente brasileira, começou a ser testado ainda no fim dos anos 1970, e o primeiro veículo com motor a etanol a ser produzido comercialmente foi o Fiat, modelo 147, em 1979. A economia em relação ao carro à gasolina era uma das mais apregoadas vantagens apresentadas pelo novo combustível. É verdade que, em dias frios, era preciso "esquentar" o carro para sair da garagem, mas, de modo geral, o brasileiro se acostumou à novidade. Os dados produtivos dos anos 1980 que o digam... A produção alcooleira atingiu um pico de 12,3 bilhões de litros entre 1986 e 1987, superando em 15% a meta inicial do governo, de 10,7 bilhões litros por ano para o fim do período. A proporção de carros a álcool no total de automóveis produzidos no País foi de 0,46%, em 1979, para 26,8%, em 1980, alcançando o teto de 76,1%, em 1986.

Pode-se dizer que o carro a álcool, de certo modo, "segurou as pontas" da cadeia automobilística em tempos de crise, fazendo com que o volume produzido se mantivesse constante no decorrer da década. Alencar Burti, testemunha do efeito do Proálcool no mercado, era um dos entusiastas da solução. Em novembro de 1983, o presidente da Abradif e membro da Abrave auxiliou a entidade a promover a edição do Salão do Automóvel especial do carro a álcool, chamado Salão do Automóvel a Álcool. O evento foi uma verdadeira "mão na roda" para os concessionários. Como o objetivo era popularizar os carros movidos pelo novo combustível, as montadoras foram substituídas por seus revendedores autorizados, que realizavam vendas no próprio Salão. *"O carro a álcool desde o início levou as impressões digitais de Burti"*, definiria depois o empresário e ex-presidente da Associação Nacional dos Fabricantes de Veículos Automotores (Anfavea), Mário Garnero, seu companheiro de Abrave quando a indústria automobilística brasileira sofria os efeitos do segundo choque do petróleo.

Para o País, de maneira geral, as coisas não iriam bem no decorrer da década. O regime militar estava cada vez mais enfraquecido politicamente. A morte do jornalista Vladimir Herzog, em 1974, teve mais impacto junto à opinião pública do que os militares imaginavam – mesmo que, à época, aquilo fosse apontado como suicídio, estranhamente ocorrido no interior da sede do DOI-CODI, em São Paulo. A nova Lei de Segurança Nacional, de 1978, abrandou a censura e, no mesmo ano, o AI-5 deixou de vigorar. Os movimentos sociais, na cidade e no campo, se reorganizaram. Em 1979 assumiu um novo general presidente, João Baptista Figueiredo, prometendo entregar o poder aos civis. Ele assinou a Lei da Anistia, que fez voltar do exílio dezenas de líderes políticos da esquerda e de oposição aos militares. No início da década seguinte, as ruas de cidades como São Paulo e Rio de Janeiro reuniram milhões pela causa das eleições diretas para presidente e governadores dos estados, no emblemático movimento das "Diretas Já!".

Se os ares de liberdade sopravam sobre os brasileiros, o governo estava preso a um clima de insatisfação popular em razão dos problemas econômicos, já que os efeitos benéficos do "milagre" ficavam cada vez mais distantes e, desde a segunda metade dos anos 1970, o brasileiro não via muitos motivos para ser otimista sobre o País. No plano internacional, os dois choques do petróleo reorganizaram toda a estrutura produtiva e de capital do mundo. O Brasil, apesar do Proálcool, continuou importando petróleo – e não em pouca quantidade: aproximadamente 80% do óleo utilizado vinha de fora. A balança comercial, o câmbio e as finanças públicas eram penalizados. A falta de liquidez e a maior austeridade internacional puxaram as taxas de juros, multiplicando a dívida externa brasileira, contraída a preço baixo nos tempos de bonança. Apenas o setor público persistiu, por algum tempo, realizando investimentos. A dívida externa crescia, criando pressão cambial e acelerando a inflação. Esse ciclo vicioso se refletia em estagnação da atividade econômica, desemprego e alta dos juros e dos preços. Os sucessivos planos e pacotes criados pelos economistas tentavam reverter esse cenário; esses esforços tornaram-se marcas da década de 1980.

A dívida externa, que em 1964 era de US$ 4,5 bilhões, passou para US$ 25 bilhões em 1976, quando o sinal amarelo começou a acender sobre a cabeça de muitos economistas, empresários e opositores do regime militar. Em 1974, o governo Geisel bem que tentou reagir ao cenário desaquecido, criando o II PND (Plano Nacional de Desenvolvimento). De acordo com ele, não só o Brasil continuaria sustentando uma taxa de crescimento acima de 10% ao ano, mas toda uma gama de pesadas obras de infraestrutura seria implementada. É parte dele o projeto das usinas nucleares de Angra dos Reis, no Rio de Janeiro – e, se dependesse da vontade do governo naquele momento, seriam bem mais do que apenas duas – e as obras da usina hidrelétrica de Itaipu, que viria a ser mencionada como a maior do mundo durante muito tempo. O Porto de Tubarão, no Espírito Santo, e a Ferrovia do Aço, que interligaria São Paulo, Belo Horizonte e Rio de Janeiro, faziam parte desse último pacote de otimismo de um "milagre" cujo santo caía em desgraça com os seus fiéis...

A economia entrou em uma franca espiral de deterioração, puxada pela inflação e pela dívida. As importações, sobretudo as realizadas nos anos anteriores, eram cada vez mais onerosas. Em 1980, o País já devia US$ 80 bilhões, e três anos depois atingiria o patamar dos US$ 100 bilhões de dólares. A inflação também disparava para o alto. Em 1974, o índice anual subiu de 15,7% para 34,6%. Em 1980, já era de 110%. Em 1985, em meio ao desemprego crescente, greves no setor automobilístico e constantes esforços para conter a inflação por meio de desvalorizações cambiais, foram realizadas novas eleições para presidente. Indiretas, ao contrário do que queria o povo, mas que, ainda assim, elegeu um civil: Tancredo Neves, líder do antigo Movimento Democrático Brasileiro (MDB), que fizera oposição aos militares durante todos aqueles anos. Tancredo viria a morrer antes de assumir a presidência, passando o comando do País para o seu vice, José Sarney. A bola, agora, estava com os civis, mas a tarefa de marcar o gol que poderia salvar o Brasil do rebaixamento não era nada fácil...

A nova gestão colocou um empresário paulista, Dilson Funaro, no comando do Ministério da Fazenda. Em fevereiro de 1986, ele apresentou aos brasileiros o Plano Cruzado, que substituiu a moeda nacional, o cruzeiro, pelo cruzado e congelou preços, salários e a taxa de câmbio. Em novembro, com a inflação acumulada em 62%, veio o Plano Cruzado II, que criou um "gatilho salarial", segundo o qual, atingida certa taxa inflacionária, os salários seriam automaticamente reajustados. Não resolveu. Embora em um primeiro momento o poder de compra da população tenha crescido, a oferta de bens não acompanhou esse crescimento e alguns produtos começaram a sumir das prateleiras. No início de 1987, o Brasil declarou a moratória unilateral da dívida externa, e Funaro foi substituído na Fazenda por Luís Carlos Bresser Pereira, responsável por um novo plano econômico, que levava o seu sobrenome. No Plano Bresser, ocupado em sanar o déficit fiscal, o gatilho salarial foi extinto, os tributos foram aumentados e os preços e salários reajustados e novamente congelados. O plano não teve sucesso em conter a inflação, que foi a 366% ao ano. Sob um novo ministro da Fazenda, Maílson da Nóbrega, veio à luz mais uma estratégia, em janeiro de 1989: o Plano Verão. O novo modelo instituiu o cruzado novo como moeda oficial e trouxe novos congelamentos e reajustes à caderneta de poupança, intensificando suas perdas. Naquele ano, a alta dos preços chegaria ao recorde de 1.764% ao ano. Aspecto curioso foi que a modesta senhora nordestina, mãe do novo ministro, declarou à imprensa sobre o desafio do filho: "*Um tremendo abacaxi...*". Ela estava certa.

Mas havia, nesse contexto pouco animador, um setor que conseguiu manter a sua produção em níveis relativamente bons: a agricultura. Durante a chamada "década perdida", enquanto a produção industrial ficou estagnada, crescendo 1% ao ano, a atividade agropecuária registrou crescimento de 3,1%, alavancando consigo a atividade de muitas cidades interioranas. O bom desempenho da agricultura, se comparado ao restante da economia, deve-se a alguns fatores próprios do momento, que deram boa produtividade à lavoura. O nível de demanda externa e a estabilidade do nível de exportação dos produtos agrícolas garantiram mercado para além do Brasil. Com a política de contenção de gastos públicos e de aumento dos juros, os créditos subsidiados para o setor agrícola, que eram utilizados desde os anos 1950, foram abolidos. Mas, como compensação, o governo implementou uma política de preço mínimo para o setor, que protegia a atividade contra as oscilações na época de comercialização da safra e, assim, assegurava um nível mínimo de renda para o produtor rural. A queda do preço da terra e de insumos e a abundância de mão de obra foram outros fatores que possibilitaram o bom desempenho da agricultura, apesar de o cenário em geral estar desfavorável. Com a agricultura em um bom momento, máquinas e tratores certamente registrariam maior demanda. Com revendas bem instaladas no centro do estado de São Paulo, Alencar Burti estaria pronto para atender esse grupo de consumidores.

O direcionamento das plantações de cana-de-açúcar para a produção de álcool atravessou praticamente toda a década de 1980 e fez com que os canaviais e as usinas pelo Brasil trabalhassem como nunca no período. O interior paulista era, ao lado do litoral do Nordeste, um dos maiores polos produtores, com extensas plantações e indústrias trabalhando sem parar. De olho nesse movimento que se iniciava e no potencial das cidades interioranas, Burti já havia iniciado suas incursões pela área bem antes. Em 1976, tornou-se revendedor da marca Agrale, de máquinas e tratores agrícolas. A Igarapé, sua primeira concessionária, foi aberta naquele ano, na cidade de Tatuí, localizada na região administrativa de Sorocaba, interior paulista. No ano seguinte, juntou-se a outros concessionários Agrale reunidos no Rio Grande do Sul, sede da companhia, e articulou a fundação da Associação de Distribuidores Agrale (Abrada), contribuindo, inclusive, com a sugestão para o nome da entidade.

A escolha do lugar estava relacionada ao sítio em Tatuí, onde a família Burti passava muitos finais de semana, na companhia dos seus cinco cachorros de estimação. Além de realizar pequenos testes de implementos agrícolas, a terra era utilizada para plantar e colher, em pequenas quantidades, soja, cana e milho. Não era a primeira experiência de Burti como proprietário rural, apesar de sua origem completamente urbana: nos anos 1960, ele mantivera um sítio no interior paulista, em sociedade com Nelson Simioni. O local foi vendido, e o dinheiro levantado comprou a Ibirapuera Veículos. Anos depois, arrendou um terreno a 1.220 km da capital, para onde ia em alguns finais de semana. Entretanto, dirigir quase que semanalmente por essa longa distância preocupava toda a família e amigos, em especial a esposa Norma. Quando um conhecido sofreu um acidente de carro na mesma estrada, foi colocado um ponto final na história: a fazenda vendida, e o dinheiro investido na Igarapé.

A partir daquele momento, sua atuação no meio agrícola seria menor na questão de investimento em terra e maior em destinação de capital. Até o final dos anos 1980, os empreendimentos de Burti no interior de São Paulo se estenderam por mais cinco cidades, com a revenda de caminhões Ford: Avaré, Capão Bonito, Itapetininga, Itapeva e Lençóis Paulista. Nesta última, além da loja de equipamentos para o campo, o empresário abriu uma revenda da GM, a Igaratá, em 1988. E havia ainda a Itapetininga Veículos, que atendia as cidades de Itapetininga e Capão Bonito.

Burti estava ciente da importância do segmento agrícola e da demanda por investimento em tecnologia de produção. Com a população crescendo ano a ano – sobretudo a urbana –, produzir alimentos era uma necessidade imperiosa, e o campo precisava evoluir.

– *O que acontece é o investidor ou agricultor buscar frutos e colheitas no mercado financeiro. Até o dia em que comeremos papéis de títulos na falta da produção de alimentos* – alertou, ironicamente, o empresário e líder classista.

Embora piada, seu fundamento era uma observação que ele fazia no dia a dia, conforme explorava o interior paulista. Para Burti, o País caminhava na contramão da necessidade, com fazendeiros preferindo especular na Bolsa de Mercadorias e Futuros a, de fato, produzir. Comprar veículos de luxo para uso pessoal em vez de tratores. Enquanto isso, nos campos, imperava a falta de mecanização agrícola com produtividade pequena, ou só restavam tratores velhíssimos, constantemente precisando de conserto para funcionar durante mais alguns anos. O agricultor precisava entender a necessidade da automação agrícola. Estava na hora de acordar e buscar incentivos para obter maior produtividade na agricultura.

A vida política e econômica do Brasil era um caldeirão fervendo quando Alencar Burti chegou à presidência da Abrave, em outubro de 1988. Apesar de tudo, não dava para reclamar do panorama vivido pelo setor que liderava. Com 4.200 empresas empregando 1,2 milhão de pessoas em todo o País, direta e indiretamente, a cadeia de distribuidores de veículos vendera, no ano anterior, cerca de 745 mil veículos no mercado interno, e o seu faturamento correspondia a 8% do PIB nacional. Fazendo uma ponte com o conturbado cenário político, Burti costumava dizer que o grupo compunha "o maior partido político do Brasil", com responsabilidades dentro e fora da sua área de atuação.

Uma das primeiras realizações da gestão de Burti à frente da entidade foi conferir maior relevância nacional à Abrave. A diretoria convocou assembleia geral extraordinária para janeiro de 1989, quando foi posto em pauta um assunto que há muito interessava aos concessionários e se ouvia em reuniões e encontros: transformar a Abrave em federação. Há anos os membros da entidade concordavam que não podiam continuar sendo apenas uma simples associação. Isso fazia com que fossem confundidos com as entidades representantes das marcas, causando distorções na visão a respeito de seu tamanho e de suas responsabilidades gigantescas. A Abrave precisava ficar mais forte. Todos concordavam com isso, mas nenhuma decisão concreta fora tomada até então. Burti tomou o assunto como prioridade: nos primeiros dois meses como presidente, desenterrou o desafio: visitou diversos estados brasileiros e reuniu-se com os principais representantes do sistema. Até que, por fim, na assembleia da categoria, a desejada transformação finalmente aconteceu. Nascia a Federação Nacional da Distribuição de Veículos Automotores (Fenabrave), com novo estatuto e tendo como filiadas nada menos do que 19 associações de diferentes marcas. Após 24 anos, a entidade alcançava o maior grau de coesão. Essa, afinal, sempre foi a marca registrada de Alencar Burti: unir pessoas em torno de ideais, de interesses maiores.

A mudança de status marcou o caráter nacional da antiga associação, algo que facilitava, inclusive, seu trânsito e credibilidade nos disputados corredores da política. Sua nova condição propunha, além disso, o plano de ação para a gestão 1988-1989. Os demais pontos do planejamento eram continuar a luta pela redução dos tributos, reexaminar a realidade da comercialização de veículos e da relação entre montadoras e distribuidoras, defender a categoria, com destaque para os médios e pequenos distribuidores, consolidar e ampliar o projeto político do setor, interiorizar a entidade por meio das regionais, acompanhar atentamente as atividades no Conselho Nacional de Trânsito (Contran) e no Departamento Nacional de Trânsito (Denatran) e posicionar a categoria frente à nova Constituição, elaborada em 1988. Mais uma vez, Burti não pensava apenas e tão somente no setor que estava representando, mas, como sempre, também na sociedade e no País.

Mas, para alcançar seus objetivos, era preciso ter intimidade com o poder. O Congresso Nacional e a Câmara Legislativa de São Paulo eram locais onde o presidente da Fenabrave passou a transitar com frequência, naqueles tempos de atribulações políticas e econômicas. Só nos primeiros dez meses de gestão, ele foi 20 vezes a Brasília. Os corredores dos parlamentos e dos ministérios passaram a ser caminhados por Alencar Burti, que transitava com facilidade. Até porque estava seguro de sua determinação em nunca seguir a carreira política. Defender a atividade e a vida dos concessionários de veículos em tempos de hiperinflação e planos econômicos em profusão era uma tarefa diária, que exigia muita atenção e comprometimento político. Um empenho que Burti cobrava de seus associados. *"O empresário não tem mais o direito de ficar em cima do muro"*, repetia nas reuniões entre empresários, nas plenárias e em entrevistas à imprensa – que repercutia cada vez mais as ações da Fenabrave.

Em 1989, a campanha pelas primeiras eleições diretas para presidente da República em 30 anos agitava o País. Ciente de que a Federação e seus membros deveriam inquirir os candidatos tanto quanto possível sobre seus projetos para o País, Burti organizou, de maneira transparente e democrática, uma série de debates com os principais candidatos ao Palácio do Planalto: Mário Covas, Leonel Brizola, Guilherme Afif Domingos, Fernando Collor de Mello, Paulo Maluf, Ulysses Guimarães e Luís Inácio Lula da Silva. Os encontros reuniram os principais líderes distribuidores do País, e a ideia era ouvir todos para, só depois, decidir o voto em cima de propostas concretas para a nação. A pluralidade de visões e projetos, antes de ser simplesmente um fato a ser aceito, era algo a ser abraçado e louvado. *"Divergências sempre vão ocorrer e são saudáveis"*, dizia o presidente da Fenabrave. *"É na forma de administrar estes conflitos que está a chave para o adequado equacionamento e posterior solução dos nossos problemas"*, defendeu em seu primeiro discurso como presidente da entidade. Ele sugeriu que eliminassem o "discutir pelo discutir", substituindo-o pela argumentação sensível lastreada em convicções, que representasse legitimamente nossos interesses maiores. Nunca abdicando, porém, da independência, lealdade e correção. E do compromisso com o Brasil.

Havia, ainda, as batalhas aparentemente menores em escala, mas igualmente decisivas para o setor. Era preciso defender, em primeiro lugar, uma tributação compatível. Em seguida, os direitos trabalhistas e do consumidor, que, em tempos de inflação em disparada, via seu poder de compra evaporar de um dia para outro. Logo de cara, a nova gestão conseguiu interromper uma greve dos cegonheiros (transportadores de veículos), bancando parte dos 19,5% do valor do frete, e abortar outra, que já estava a caminho. Com o Banco do Brasil, começou a negociar melhores condições para financiamento de tratores e, com a Receita Federal, estudar fórmulas para evitar desvios de arrecadação dos impostos. Havia ainda problemas com fiscalização, intimações na Justiça e multas. E outro punhado de assuntos importantes em pauta: a criação do Código de Defesa do Consumidor, a regulamentação de consórcios, a questão do ICMS de peças e de motos, a isenção de IPI e ICMS para táxis. Naquela época, Burti não saía da sede da Fenabrave antes das 22 horas de segunda a sexta-feira.

No setor tributário, o primeiro ano de sua gestão foi marcado por outro drama antigo: a substituição tributária do ICMS. O interesse do setor era que o recolhimento do imposto não recaísse sobre o preço dos automóveis. Burti retomou o projeto da Fenabrave e foi à luta. Foram 40 dias de idas à Assembleia Legislativa de São Paulo e à Secretaria da Fazenda, além de pequenas temporadas em Brasília. Ele já desenvolvera, então, intimidade com as figuras públicas e conhecimento sobre os trâmites, rituais e modos de agir do poder. Mas não que se curvasse a eles e se diluísse. Pelo contrário: fazia tudo com o jeito que lhe era particular, o mesmo do talentoso e sedutor vendedor que sempre havia sido. Com muita conversa, qualidade de conteúdo, simpatia e poder de persuasão. Era, como ele definia, a habilidade de ser um "pedinte com dados objetivos": quantos funcionários o setor emprega, quantas empresas congrega, quanto arrecada anualmente. Por causa disso, contava com "resistência zero" no intrincado meio político, no qual a desconfiança reina. E tanto o presidente da Fenabrave fez, que conseguiu que saísse a desejada Substituição Tributária para Veículos. E da maneira como todos queriam: em nível nacional.

Em 25 de outubro de 1989, de São Paulo, Norma enviou uma mensagem por Telex ao marido, que estava em Brasília:

Querido Alencar,

***Um certo ministro de Estado vem utilizando uma frase cuja autoria é sua. Você disse: "a hiperinflação é a sensação da máxima impotência: você sofre tudo e não pode fazer nada".
Eu, como sua mulher e admiradora até suspeita, digo algo diferente. Já que a moda é parafrasear, vamos lá:
"a vida com Alencar é a sensação da máxima competência: você participa de tudo e não sai perdendo em nada".
Parabéns, Alencar, por mais esta vitória.
A batalha do ICMS foi ganha e todas as outras também o serão. Estou com você, como sempre estarei.***

Norma

Em 15 de março de 1990, a faixa presidencial passou de José Sarney para Fernando Collor de Mello. Era o fim de um verão intenso em vários sentidos: além dos recordes de altas temperaturas, o Brasil conhecera a taxa de inflação mensal mais elevada de toda a sua história: 82,4%. O novo presidente deu continuidade à estratégia do seu antecessor e, tão logo assumiu o cargo, anunciou mais um plano econômico: o Brasil Novo, que ficaria conhecido simplesmente como Plano Collor. Mesmo após anos de hiperinflação e ajustes monetários, o pacote impactou pelo seu radicalismo.

O intuito do plano era diminuir a alta dos preços por meio do congelamento do passivo público e desmonetizar a economia de modo gradual. Para tanto, 80% de todos os depósitos das contas-correntes ou das cadernetas de poupança que excedessem a 50 mil cruzados novos foram congelados por 18 meses, ante uma rentabilidade de 6% ao ano. Os produtos e serviços também foram congelados. A moeda corrente, além disso, foi substituída pelo cruzeiro. O congelamento provocou a queda da atividade comercial e da produção industrial. A geração de dinheiro foi de 30% para 9% do PIB, com a retirada de 80% da moeda em circulação no País. Aumento de impostos e privatizações também faziam parte do pacote. Entre os empresários, a opinião era de que aquilo não seria o suficiente para colocar a economia brasileira de volta aos trilhos. A prefixação de preços e salários causava mais polêmica do que satisfação. Eram reivindicadas medidas diferentes, como a redução do déficit público e a renegociação das dívidas interna e externa.

O setor automobilístico e a Fenabrave também não demoraram a sentir os efeitos dessas medidas. Na primeira semana do Plano Collor, os negócios nas revendedoras foram a praticamente zero. Os carros existentes nas concessionárias eram vendidos a preço baixo: com os valores de 5 de março, no dia 20, um automóvel que deveria custar um milhão de cruzeiros era encontrado por 500 mil. As distorções e incertezas preocupavam os empresários. Burti, no entanto, soube cultivar calma e confiança em si mesmo e nos outros. A Fenabrave orientou seus afiliados para que não demitissem nenhum funcionário pelos próximos 30 dias. Para tanto, muitas empresas deram férias coletivas aos empregados. Paralelamente, continuaram atuando na entrega das cotas de consórcio e em suas oficinas, que representavam, à época, entre 15% e 20% do faturamento das revendas.

Os consórcios, aliás, eram a principal garantia naquele primeiro momento. Quando o Plano foi anunciado, anulou-se a possibilidade de pagamento de cotas de consórcio com vencimento posterior a 15 de março em cruzados novos. Essa medida fez com que Burti fosse imediatamente até Brasília e conseguisse a alteração das normas. Foram aceitos pagamentos na moeda antiga exclusivamente de contribuições (cotas), cujo vencimento tivesse ocorrido até o dia 15 de março. Os lances, antecipações ou quitações efetuadas em Cruzados Novos só seriam válidos se tivessem sido depositados nos bancos até o dia 13. Todos os demais pagamentos feitos pelos consorciados a partir do dia 16 de março deveriam ser realizados em cruzeiros. A medida viabilizaria os negócios, e o consórcio se tornaria, naquele momento, a melhor saída para a venda de automóveis zero quilômetro.

Mas ele também contava com o trabalho e a criatividade da rede de concessionários, como o oferecimento de taxas de juros menores. A Fenabrave fazia sua parte, mas cada distribuidor teria que abrir seu baú de alternativas para manter o negócio funcionando. *"Ousadia é se acostumar a viver com inflação de 120%, o que é inviável em qualquer parte do mundo"*, dizia Burti. O recado deve ter sido claro, já que, em abril, a ministra da Fazenda Zélia Cardoso de Mello, cabeça econômica do governo, telefonou para Burti para marcar uma reunião e conversar sobre a indústria e a distribuição de automóveis.

Enquanto isso, a Fenabrave precisava contar os seus próprios mortos. Com o confisco, os cofres da entidade secaram da noite para o dia, deixando dinheiro apenas para pagar o aluguel da sede. Um distribuidor Ford de Brasília interveio em favor do grupo junto ao Banco Central, que "reverteu" o saldo confiscado da Fenabrave na forma de um imóvel em Brasília, que viria a funcionar como uma espécie de quartel general meses depois. O golpe do governo tinha sido duro, mas não ficaria por isso mesmo. Burti dizia aos colegas que, pela ousadia que teve ao ficar com o dinheiro do povo, o governo deveria executar os planos do empresariado, além de direcionar para saúde, transporte e educação os recursos congelados com o intuito de conter a inflação.

Um intento que, diga-se de passagem, não se realizou. A inflação fecharia o ano de 1990 em alta de 1.620%, e o PIB com queda de 4,3%. Esses indicadores foram sentidos na pele pela cadeia automobilística: produzia-se pouco e, já na segunda metade do ano, a demanda disparava. Com as montadoras alegando falta de peças – 15 fábricas haviam passado por uma greve alguns meses antes –, os pátios acumulavam no segundo semestre daquele ano mais de 25 mil veículos encalhados. Em agosto, as fábricas entregaram 82 mil carros às revendas, no mês seguinte foram 70 mil e, em outubro, 42 mil unidades. Em dois meses, a disponibilidade de veículos caíra pela metade. A escassez se refletia sobretudo nos modelos mais populares em consórcios, como Parati, Monza SL e Escort GL. As vendas por consórcio já representavam 40% do faturamento.

No mercado, o congelamento a preços de março tornava os automóveis artificialmente baratos, e a procura explodia. Um carro novo era um ativo tão escasso, que virou investimento: em alguns meses, a valorização do veículo do ano ficou na linha dos 70%, superando o ouro, tradicionalmente o investimento mais procurado em tempos de crise. Os custos do produtor, enquanto isso, estavam defasados. Com todos procurando um carro zero, o mercado paralelo era o único que vivia um bom momento.

No mercado formal, no entanto, nenhuma conta fechava. No final de 1990, os produtores de veículos se reuniram para negociar o ajuste dos preços. A indústria reivindicava 15% acima da inflação do período, enquanto a Fenabrave argumentava que 5% era o máximo que o mercado aguentaria. As fabricantes de peças entraram na discussão, chegando-se a aventar a possibilidade de instalar uma investigação para apurar quem era, afinal, o culpado pela falta de carros nas concessionárias, cujas vendas caíam 10% a cada mês. No final, a média de reajuste foi de 14%. Não era o que a Fenabrave desejava, mas um incansável Burti sabia que perder algumas batalhas era parte do jogo. O fundamental era a esperança de que a alta contivesse a demanda e reequilibrasse o mercado. Para, então, vencer a guerra...

A solução para esse e outros problemas, apregoava Burti em suas cada vez mais frequentes e corajosas falas à imprensa, passava por mais liberdade econômica. Havia necessidade de promover um choque no setor, para limitar sensivelmente o controle dos preços dos veículos. *"Se o governo tivesse consciência de que o mercado tem de ser livre e o automóvel deveria pagar menores impostos, conseguiria uma façanha incrível: teríamos uma arrecadação igual ou maior, porque venderíamos mais que o dobro e, ao mesmo tempo, teríamos mais empregos, melhores salários e mais impostos recolhidos diretamente da renda dos empregados"*, defendia. Ou seja, dar liberdade com responsabilidade.

Outro susto da Fenabrave naquele longo ano de 1990 foi a revisão da Lei "Renato Ferrari". A nova presidência entendeu que o texto feria alguns princípios do livre mercado. O redator da lei, que até um ano antes ocupava o posto de secretário da Cultura da cidade de São Paulo, na gestão do prefeito Jânio Quadros, não compreendeu a intervenção, surgida, certamente, da falta de conhecimento sobre o diploma e o mercado que regulava. Burti, como presidente da Fenabrave, sabia que cabia à Federação defender a lei de perto e zelar pela sua existência, que, de fato, esteve por um fio. Em um dos primeiros dias da gestão Collor, Burti chegou a Brasília e descobriu por Francisco Rezek, Ministro das Relações Exteriores, que Zélia Cardoso de Mello, recém-empossada Ministra da Fazenda, estava a ponto de colocar abaixo a Lei n. 6729/79. Era preciso agir rápido.

Depois de conversar com mais algumas figuras-chave, entre as quais Leopoldo, irmão de Collor, Burti, sempre determinado, conseguiu agendar uma reunião com o presidente da República. No encontro, o presidente da República explicou a situação:

– Se você não cartelizar o setor, se tirar esses dispositivos e abrir mais o mercado, eu mantenho. Traz aqui outro texto e conversamos.

Era melhor defender a lei de dentro da Fenabrave, mudando alguns dos seus parágrafos, do que sacrificar o trabalho de anos e a garantia de milhares de profissionais e consumidores. Burti voltou a São Paulo e foi tratar com Renato, explicando o que precisava ser feito. O cunhado reuniu o time jurídico da Federação e fez algumas modificações, sobretudo no 5º e no 6º parágrafos da Lei. A atividade intensa em São Paulo e no escritório da Fenabrave, em Brasília, fazia com que Burti permanecesse na capital federal de terça a quinta-feira, voltando para casa basicamente para acompanhar de relance os negócios das lojas e passar o final de semana com Norma e os filhos.

O trabalho de Burti era observado de perto pelos colegas da sede da Fenabrave, em São Paulo. Entre eles estava o administrador de empresas Flávio Meneghetti, que mais tarde viria a presidir a Federação. A primeira vez que ele ouviu falar do trabalho de Burti foi na década de 1970, pelas ondas da Rádio Eldorado. A emissora estava entre as que veiculavam spots de propaganda da joalheria Matisse. Ainda estudante, ele ouviu o "reclame" que dizia ser a casa localizada no bairro dos Jardins uma representante de marcas de relógios, como a Rolex. Embora intuísse que se tratava de algo muito valioso e exclusivo, mais tarde, quando conheceu Burti pessoalmente, logo notou que aquilo não significava, de modo algum, que o proprietário da tal joalheria fosse um tipo esnobe.

Ao contrário, Meneghetti estava diante de uma personalidade afável e acessível que habitava a alma de um homem inteligente, mas simples. Inserido no meio automobilístico, acompanhou de perto o trabalho à frente da Fenabrave. Algo que lhe chamou atenção no perfil do empresário foi que ele raramente se manifestava resistente a alguma proposta que fosse contra. Ao contrário, desmontava divergências com elegância, bom humor, sólidos argumentos e firmeza. E era um período de trabalho pesado, em Brasília, naqueles dias de governo Collor, em que a Lei Renato Ferrari esteve por um fio. Era um comportamento idêntico ao que tivera, cerca de 20 anos antes, quando havia conduzido o recém-escrito texto pelos meandros do Congresso, levando a deputados e senadores as necessidades e os direitos dos revendedores de veículos de todo o Brasil.

No inciso 1 do artigo 5º, a expressão "área demarcada" foi substituída por "área operacional". No artigo seguinte, foi estabelecido que, no caso de uma nova concessão, o concessionário instalado há mais tempo na área concorre com os demais em igualdade de condições. O artigo 14, que tratava da margem de comercialização, foi suprimido. Na prática, isso significou o fim do ágio e a precificação de veículos unicamente pelo mercado, cabendo ao concessionário buscar sua margem pela eficiência operacional. O artigo 28 criou os serviços autorizados. O texto alterado voltou para Brasília e passou pela sanção presidencial. Após a reforma, a lei "Renato Ferrari" mudou sua numeração, passando a ser 8.132/90. Até hoje, o dispositivo é considerado a maior conquista da Fenabrave – um marco no mercado e no mundo jurídico.

A principal liberalização do período, na verdade, pegou a cadeia produtiva automobilística no susto: a abertura para as importações, em maio de 1990. Meses antes, Fernando Collor já havia enfurecido os produtores ao se referir aos carros brasileiros de maneira pouco generosa, após uma viagem à Europa. "*Comparados com os carros do mundo desenvolvido, os brasileiros são verdadeiras carroças*", disse o presidente.

Pouco tempo depois, Collor derrubaria a proibição à importação de veículos, em voga desde 1976 – quando, findo o "milagre" econômico, começara a crise. Embora desde 1988 existisse a possibilidade de realizar a importação de um ou outro veículo, a liberação total foi sentida com mais impacto no mercado. Ao menos simbolicamente, em um primeiro momento, já que a alíquota de importação de 85% estava longe de encorajar a compra de um carro importado pela classe média. Um Alfa Romeo 164 vindo da Itália, por exemplo, era vendido a US$ 135 mil no final de 1990, algo como 6,88 milhões de cruzeiros. O carro nacional mais caro da época era o Escort XR3, que saía das concessionárias por 2,75 milhões de cruzeiros. O popular Uno S, por sua vez, custava 570 mil cruzeiros.

A alíquota de importação mudou por diversas vezes. Começou em 85% e chegou a 35% em junho de 1993. Foi quando muitos importados mais baratos chegaram ao mercado, como Honda Civic, Toyota Corolla e Peugeot 205. O maior sucesso, no entanto, foi o Fiat Tipo, com preço para competir com os nacionais. Havia ainda os resistentes carros russos da Lada, que ofereciam preço baixo, funcionalidade e manutenção barata – bem ao estilo da antiga União Soviética, que vivia então seus últimos momentos de marco da antiga "Cortina de Ferro", que dividira a Europa por tantos anos. A liberação das importações pegou o setor de surpresa, mas, aos poucos, os negócios se ajustaram. Muitos vendedores de carros nacionais buscaram nas marcas estrangeiras um meio de diversificar os negócios. Negócios estes que, na segunda metade dos anos 1990, com a estabilização monetária, entrariam na fase de maior diversidade e de boas vendas.

Eram tantos problemas para resolver naquela agitada década de 1980, que Alencar Burti precisava encontrar brechas na agenda para relaxar. Sempre ligado à atividade física, ele usava o esporte como um meio para desafogar as tensões do mercado e do ambiente associativista. Um dos seus companheiros nessas horas era o médico José Pinus, que ele conheceu como cliente da joalheria. No processo de redação de sua tese de doutorado, defendida na Escola Paulista de Medicina, Pinus espairecia em longas caminhadas pelo Bosque do Morumbi, perto da casa de ambos. Muitas vezes acompanhados por um dos cães de estimação do empresário, saíam em passeios que, não raro, começavam às cinco horas da manhã.

Falavam muito sobre compromissos, trabalho e família, mas, principalmente, sobre a vida. Juntos, colocavam as ideias em ordem e trocavam impressões até de ordem filosófica. Um dos temas favoritos era Deus. *"Deus é o que cada um traz dentro de si"*, dizia Burti. *"E toda vez que eu tentei enganar esse Deus me dei muito mal..."*, completava. As conversas eram tão intensas e renovavam tanto o espírito que, muitas vezes, quando se despediam, lamentavam que nenhum dos dois se lembrava de levar um gravador para aqueles passeios. É possível imaginar o nível da conversa, afinal o médico também teria uma intensa vida associativa em sua área. Foi fundador e presidente da Sociedade Brasileira de Cirurgia Pediátrica e da Academia Nacional de Cirurgia Pediátrica, além de presidir o Conselho Consultivo da Sociedade Beneficente Israelita Brasileira do Hospital Albert Einstein, para citar alguns cargos que ocupou.

CAPÍTULO 6

Sede da Associação Comercial de São Paulo (ACSP), no centro da capital paulista

Capítulo 6

O comércio nosso de cada dia

"Cerca de 90% dos empresários têm pequenas e médias empresas. É nesse segmento que está a força."

O Pátio do Colégio, no centro de São Paulo, fica no alto da colina onde padres da Companhia de Jesus fundaram uma vila, em 1554. Na parte traseira da construção que reproduz o rústico colégio feito com taipa de pilão, deteriorado pelo tempo e demolido em fins do século XIX, o solo se espraia em direção ao vale do rio Tamanduateí, hoje canalizado. Sendo o primeiro logradouro da capital, o antigo "Pateo" é um dos pedaços da cidade que estão repletos de história. Ali era, ao mesmo tempo, abrigo, escola, hospital, igreja e tudo o mais necessário ao início do que seria, muito mais tarde, uma megalópole.

A poucos metros dali, até o ano de 1867, viveu Domitila de Castro e Melo, a controversa Marquesa de Santos, cujo solar foi preservado e restaurado. Nas ruas que descem em direção ao parque Dom Pedro, resiste parte do casario antigo, com alguns exemplares de mais de 100 anos – embora a maioria não apresente o mesmo estado de conservação que o Solar da Marquesa. À esquerda da igreja dos jesuítas se postam dois edifícios, hoje ocupados por secretarias do governo estadual. Eles foram criados nas pranchetas do escritório do arquiteto Ramos de Azevedo, autor de projetos como o Theatro Municipal e o quase vizinho Palácio das Indústrias, este último localizado no parque Dom Pedro.

Reformulado na década de 1890 e, depois, no aniversário de 400 anos da cidade, em 1955, o Pátio do Colégio forma um conjunto arquitetônico onde o tempo parece ter parado. Exceto por um detalhe localizado em um de seus cantos, já na esquina com a rua Boa Vista. Ao contrário do lugar onde está instalado, ele não fala sobre o passado nem para no tempo.

O "impostômetro" é um painel eletrônico instalado em 2005 na fachada lateral da sede da Associação Comercial de São Paulo (ACSP). É impossível observar seu mostrador por um minuto que seja sem que ao menos dois dos seus algarismos mudem freneticamente. O visor mostra cinco casas de três algarismos cada, correspondendo às centenas, milhares, milhões, bilhões e trilhões de reais, além de mais duas casas na extrema direita, para os centavos. A contagem é iniciada todo dia 1º de janeiro e contabiliza quantos reais em impostos o brasileiro paga anualmente. A criação do impostômetro paulista é uma iniciativa da ACSP, e o aparelho é operado em conjunto com o Instituto Brasileiro de Planejamento Tributário (IBPT).

A velocidade da contagem costuma atrair a atenção de quem caminha por ali, e faz do impostômetro um assunto recorrente no noticiário econômico. Outras cidades do mundo, como Nova York, têm painéis semelhantes, mas o caso brasileiro parece desfrutar de certo destaque entre os cidadãos. Para além da ideia corrente de que o País convive com uma alta carga tributária, esse tema – da redução desse ônus – é uma das principais reivindicações dos empresários e prioritária bandeira levantada por grupos que, como a ACSP faz desde 1894, representam a categoria dos comerciantes.

Não por acaso, o peso da carga tributária brasileira sempre foi uma das preocupações centrais do empresário Alencar Burti.

– *Devemos ter uma estrutura tributária que não venha exaurir a produção e possa contribuir com o necessário para termos uma infraestrutura adequada, principalmente na área de saúde, educação, segurança e transporte. São em causas assim, simples e objetivas, que a gente começa a pensar no País* – repetia sempre, fruto de sua consciência cidadã.

Linha do Tempo

❖1991

Entra para o Conselho da Associação Comercial de São Paulo (ACSP)

❖1999

Torna-se presidente da ACSP

❖2001

Reeleito para o cargo, Burti toma posse de seu segundo mandato como presidente da ACSP

Seu nome, sua capacidade de agregar empresários e, com muito traquejo, lutar por seus ideais de interesse coletivo junto ao governo já eram bem conhecidos no ano de 1991, quando ele deixou a presidência da Fenabrave. Lincoln da Cunha Pereira Filho, então presidente da Associação Comercial de São Paulo, sabia da disposição do empreendedor e líder para encarar uma boa briga, e o convidou para integrar o Conselho Consultivo da entidade. Sua presença logo encantou os pares de associação, entre eles Lázaro Brandão, presidente do Banco Bradesco. O executivo, que começou a trabalhar na instituição como contínuo, logo se identificou com o presidente da Associação. Em encontros e reuniões, descobriu outros pontos em comum: a valorização da livre iniciativa e da prevalência do setor privado enquanto motor do desenvolvimento econômico. Também o impressionou a firme crença de Burti na democracia, na conciliação e no diálogo.

Outro foi o advogado e Conselheiro Vitalício e Membro do Conselho Superior da Associação Comercial de São Paulo, Osório Furlan, que lembra: *"Foi ele assumir que acabou a encrenca"*. Ele destaca que Alencar Burti tem um estilo parecido com o seu na maneira de pensar, agir e trabalhar. Ambos sempre foram determinados, principalmente quando o assunto é defender aquilo que julgam ser o correto para o País.

– *Como líder classista, Burti sempre buscou a harmonia e o bom entendimento. Ele soube congregar todos os elementos para agirem em um mesmo sentido. Não brigar, mas motivar. Manter a organização das associações comerciais funcionando perfeitamente e em paz* – define Furlan.

O pioneiro empresário, fundador da Rodobens, Waldemar Oliveira Verdi, também ficava admirado com a capacidade de liderança de Burti. Os dois se conheciam desde a década de 1960, quando participavam de reuniões de trabalho em diferentes entidades de classe. Tornaram-se grandes amigos e companheiros.

– *Como empresário, Alencar Burti foi sempre um exemplo de trabalho honesto, digno e responsável, motivo de inspiração para todos nós. Como líder classista, demonstrou sua grande capacidade de união, motivado pelo seu excelente desempenho como presidente da Associação Comercial e de outras entidades de classe, sendo reeleito algumas vezes.*

Três dos filhos de Burti, já crescidos, começaram a assumir o comando das concessionárias de veículos e da joalheria no bairro paulistano dos Jardins. Mesmo que a vocação para os negócios não estivesse exatamente no DNA familiar, Paulo, Renata e Marcelo recebiam desde a adolescência, além dos bons exemplos de vida, estímulos para ficar a par das atividades do pai, fosse explorando as lojas ou ajudando o pessoal dos estoques e dos escritórios. Àquela altura, já saídos da faculdade e com boa experiência nos currículos, sabiam que era a vez de eles, os filhos, construírem as próprias vidas.

Alencar Burti não fazia a linha de pai-patrão, insensível e ditatorial – ainda que em casa, na infância dos filhos, exigisse disciplina e ordem. Deu-lhes liberdade com responsabilidade. Quando o assunto eram os negócios, deixava os três por conta própria. Vez ou outra fazia perguntas sobre como andavam as coisas e oferecia alguma orientação sobre como agir em determinada situação mais complexa. "Ficar em cima" e controlar cada passo, no entanto, não era do seu feitio. Essa postura mais confiante, acreditava, fomentava a formação de sucessores, e não de meros herdeiros.

Ao mesmo tempo, Burti continuava contribuindo para a Fenabrave, como parte do conselho de ex-presidentes, e para mais uma gama de associações, cujos membros, de tanto ouvirem boas referências sobre ele no meio associativista e lerem suas firmes declarações na imprensa, o convidavam para compor o quadro de conselheiros. Eram instituições relacionadas ao comércio, à indústria e a serviços, entidades filantrópicas e organizações cívicas. Mas a Associação Comercial de São Paulo era, para ele, sempre muito especial.

Assim como essa entidade, Alencar Burti era um paulistano do centro da cidade. Íntimo, portanto, da região na qual a ACSP tinha sede. Além disso, era um vendedor experiente, com quase 50 anos de balcão e uma vivência sem igual obtida em horas e mais horas de bate-papo com a clientela. Depois de 25 anos trabalhando em associações de classe, despontara como líder nato dos grupos em que atuava, capaz tanto de agregar pessoas e propor soluções para seus problemas quanto de argumentar, em qualquer lugar e quando fosse, em favor dos seus colegas de classe.

A Associação Comercial reúne empresários de diversos setores da economia, do varejo à indústria, passando pela construção civil, espalhados por toda a capital paulista. Além da sede no centro da cidade, existem 15 distritais espalhadas pelas zonas Norte, Sul, Leste e Oeste. Os associados encontram ali serviços de assessoria em vendas, certificações e orientação tributária e legal. O Instituto de Economia Gastão Vidigal, em atividade desde 1945, realiza e divulga estudos, indicadores e análises de mercado. O departamento de publicações, enquanto isso, é responsável por duas tradicionais publicações especializadas do estado: o *Jornal do Comércio*, fundado em 1924 e recém-fechado, e a revista *Digesto Econômico*, em circulação desde 1944. Durante toda a sua história, as publicações da Associação Comercial ajudaram a divulgar seus ideais e fomentar debates em nível nacional.

Uma das ações da ACSP com impacto em todo o Brasil foi o primeiro serviço de proteção ao crédito em solo nacional, projeto viabilizado na década de 1950. Até 1955, vender para receber os pagamentos em parcelas era uma aventura, qualquer que fosse o tamanho da loja. Na melhor das hipóteses, conversando aqui e dali, perguntando a seus contatos ou mesmo valendo-se de informantes, o dono do estabelecimento identificava se um comprador era ou não adimplente, se devia em outras lojas ou se tinha uma conta "no azul" em algum banco. Na pior, o comerciante só descobria se um freguês era bom pagador ou não na prática, depois de fechar o negócio. E nem todos os "nomes sujos" da praça estavam, de fato, na praça. Com isso em mente, Vicente Botacine, proprietário da Casas Minerva Roupas Ltda., pediu que a Associação Comercial de São Paulo centralizasse essas informações, criando um histórico dos pagamentos a crédito, por meio do qual fosse possível consultar o nome de um consumidor e obter o cadastro.

A proposta de Botacine era assunto corrente pelas lojas do centro e dos bairros de São Paulo havia bastante tempo. No interior e em outros estados, existia o mesmo problema, portanto, outros milhares de comerciantes que também esperavam uma solução. O remédio veio em 14 de julho de 1955, quando, em um encontro da ACSP, foi criado o Serviço de Proteção ao Crédito (SPC). O sistema, pioneiro, inspirou a criação de outros semelhantes e se tornou recurso fundamental em um varejo cada vez maior e mais abrangente, como viria a ser o paulistano nas décadas seguintes. A sigla, com o tempo, consolidou-se como sinônimo de seriedade, garantia de nome limpo ou não.

Instrumento efetivo de garantia nas operações comerciais e no auxílio prático ao dia a dia dos comerciantes e a ações articuladas com o governo e a sociedade civil em busca de melhorias econômicas. Essa combinação de fatores que permeava as atividades da ACSP fez Burti tomar gosto pela associação. Terminada a gestão 1991-1993, a intensidade da sua atuação no grupo o levou a ocupar o posto de vice-presidente pelos três exercícios seguintes: de 1993 a 1995, de 1995 a 1997, e de 1997 a 1999. Na primeira dessas temporadas, a Associação tinha como presidente o mesmo Lincoln, que o levara como conselheiro em 1991. Nas duas seguintes, a presidência estava a cargo de Élvio Aliprandi.

Foi na ACSP que Alencar teve oportunidade de conviver mais com um antigo amigo: o ex-ministro Antônio Delfim Netto – uma amizade que, de acordo com o economista, *"surgiu ainda na Idade Média"*. Os dois tiveram oportunidade de viajar juntos em muitas ocasiões, cada um com sua missão profissional. Delfim Netto não escondia do amigo a admiração que sempre teve por ele, a quem considera um dos empresários mais competentes do Brasil.

– O Alencar Burti tem uma capacidade empresarial invejável, é um homem que está permanentemente preocupado não só com o seu negócio, mas com o Brasil. Eu diria o seguinte: é um empresário de altíssima qualidade e que combina certa capacidade de investir a certa agressividade; mas, sempre com um cuidado muito

grande com o seu entorno e com a economia brasileira. Eu tenho vivido com ele muitos anos. Então, eu realmente tenho por ele uma grande admiração.

Não menos competente em sua área, Delfim Netto, entende que Burti tem uma visão panorâmica do mundo, mas com espírito voltado à produção do crescimento. Isso é algo que Delfim Netto percebeu desde que o amigo atuava no setor automobilístico.

– *Era uma indústria nascente, e ele se meteu em um negócio que estava apenas começando, apostou tudo o que foi possível nessa iniciativa e se tornou bem-sucedido graças às suas características. Uma delas é a capacidade, realmente, de enfrentar um problema, de analisá-lo, de passar a mão na direção dos pelos do problema e acabar resolvendo. Essa persistência é uma das características importantes do Alencar.*

Na virada do milênio, uma nova e mais complexa função o aguardaria, e com responsabilidades maiores: a presidência da Associação Comercial de São Paulo, por duas gestões consecutivas: de 1999 a 2001 e de 2001 até 2003. Além disso, à frente da entidade, Burti acumulava outra posição de comando, a presidência da Federação das Associações Comerciais do Estado de São Paulo (Facesp).

A Federação nasceu em 1963, em um momento política e economicamente instável para o Brasil. Em meio à Guerra Fria, o País enfrentava graves problemas surgidos com o fim do governo Juscelino Kubitschek, como a inflação e o endividamento externo. O presidente João Goulart propunha as chamadas Reformas de Base, e diferentes setores da sociedade se posicionavam contra ou a favor dessas medidas. Buscando organizar-se em um contexto nacional que oferecia pouca segurança, em agosto daquele ano os empresários, reunidos na 11ª Reunião Mensal do Conselho de Associações Comerciais do Estado de São Paulo, levantaram o projeto, já antigo, da formação de uma entidade que reunisse as Associações Comerciais de todo o estado.

Os presentes concordaram que o líder da ACSP seria o "presidente nato" da futura Federação, para evitar dissensões internas. Além disso, era conveniente que a sede fosse na capital do estado. Decidiu-se também que ela não se constituiria como autônoma da ACSP, pois ainda não poderia contar com receitas ou arcar com despesas. Por isso, ficou estabelecido ainda que a ACSP seria responsável pelo custeio das atividades da Federação. O projeto foi consolidado no encontro seguinte, em setembro, quando foi aprovado o estatuto da Federação das Associações Comerciais do Estado de São Paulo. A partir de então, a Facesp passou a representar todas as associações comerciais do estado de São Paulo, atuando como intermediária entre os governos estadual e federal e os empresários da capital, do litoral e de todo o interior. Um setor de peso para a economia, cujas ações e reivindicações têm o poder de reverberar em todo o País. Representá-lo era um desafio sob medida para Alencar Burti, sempre disposto a enfrentar e vencer desafios, aglutinar pessoas e defender causas de interesse dos brasileiros.

Em 1999, o pior já havia passado. No início daquela década, após anos de hiperinflação e seis planos fracassados, a estabilidade econômica ainda era um sonho distante. O equilíbrio político também. Em 1992, com dois anos de gestão, a dinâmica e jovem figura do presidente Fernando Collor de Mello foi golpeada. Em reportagem publicada na revista *Veja*, em março daquele ano, o irmão do presidente, Pedro Collor de Mello, acusava o tesoureiro da campanha presidencial de 1989, o empresário Paulo César Farias, de comandar um esquema de corrupção que envolvia tráfico de influência, venda de cargos públicos e cobrança de propina dentro do governo. O "Esquema PC Farias", como ficou conhecido, foi investigado pelo Congresso Nacional e trouxe à tona o envolvimento de outras figuras próximas ao presidente. O relatório final da Comissão Parlamentar de Inquérito apontava, também, que as contas bancárias pessoais de Collor e Farias não haviam participado do confisco de março de 1990. Em agosto o *impeachment* do presidente foi pedido, com o forte apoio popular daqueles que ficariam conhecidos como os "caras pintadas". Collor tentou adiantar-se e renunciou ao cargo, mas, como o processo de *impeachment* já estava aberto, acabou com seus direitos políticos cassados por oito anos. A presidência foi assumida por seu vice, Itamar Franco, que convocou um novo quadro ministerial, incluindo a equipe que ficaria responsável pelo último pacote econômico do século: o Plano Real.

O Plano Real foi implantado gradualmente, entre agosto de 1993 e julho de 1994, com base nas ideias do economista britânico John Maynard Keynes, considerado um dos mais importantes do século XX, e elaborado pelos economistas do Partido da Social Democracia Brasileira (PSDB), entre os quais participaram: Paulo Nogueira Batista Júnior, Gustavo Franco, Pérsio Arida e André Lara Rezende. Primeiro, foi promovido o equilíbrio das contas públicas, com redução de despesas, aumento de receitas, desindexação da economia e medidas restritivas. Em seguida, o governo trocou o cruzeiro real – criado em agosto de 1993 em substituição ao cruzeiro – por uma espécie de moeda intermediária, a Unidade Real de Valor (URV), que evitaria um novo choque inflacionário. Por fim, foi implementado um novo padrão monetário, o Real. A nova moeda teve efeito imediato na economia, como a esperada queda da inflação. A alta dos preços computada em julho de 1993 havia sido de 31,96%. No final de julho de 1994, após 30 dias de vigência da nova moeda, o Real, instituída oficialmente no dia 1º daquele mês, o índice encontrava-se em 6,08%, e bateria nos 3, 27% em novembro de 1994. Isso tudo foi orquestrado pela equipe do

Ministério da Fazenda, comandada pelo sociólogo Fernando Henrique Cardoso. Ele foi rapidamente denominado o "pai" do Plano Real, e as benesses promovidas pela estabilização da economia o levaram à vitória nas eleições presidenciais de 1994.

A segunda metade dos anos 1990 correria em um cenário de relativa tranquilidade, se comparado à turbulenta e interminável "década perdida" que o antecedera. Alencar Burti, como líder empresarial, sabia como ninguém dos benefícios de uma economia estável. Mas não era pretexto para descansar. A fim de assegurar um ambiente saudável não só para os empresários, mas para todos os brasileiros, era necessário disciplinar ainda mais os gastos públicos e garantir a eficiência do Estado. Seu discurso de posse na Associação Comercial de São Paulo, em março de 1999, foi um resumo dos principais tópicos políticos e econômicos do momento. *"Enquanto o empresário brasileiro dá asas à imaginação para seguir produzindo, nosso governo só faz elevar juros e criar impostos"*, criticou. Na mesma ocasião, conclamou os colegas para defender a Lei de Responsabilidade Fiscal e manifestou a preocupação do grupo com a crise cambial em curso.

Os dois assuntos eram sensíveis para a classe empresarial. A Lei de Responsabilidade Fiscal fazia parte da agenda coletiva, mas era, também, fator de peso na ideologia do próprio Burti, que há anos vinha insistindo na necessidade do controle dos gastos e das receitas do governo, tendo como norte a eficiência pública. *"Se conseguirmos aprovar essa lei rapidamente, já estaremos dando um grande passo para a disciplina fiscal, que deve ser pré-condição para uma eficiente gestão pública ou privada"*, defendeu, em sua posse na ACSP. A proposição de um diploma legal do gênero era pauta antiga dentro do País. Há muitos anos se discutia a respeito da eficiência da administração pública, seu volume e endividamento progressivo. O debate se tornou ainda mais popular durante os anos 1980, em meio à crise. A inflação, contudo, acabava turvando alguns balanços do poder público. Com o fim da hiperinflação, esses números vieram à tona, e os pedidos de que o poder público mudasse a forma como administrava seu dinheiro voltaram a ter força. A proposta da Lei Complementar n. 101, estabelecendo normas de finanças públicas, foi defendida no final da década e se apoiava na Constituição Federal de 1988. A responsabilidade na gestão dos recursos, base do texto, fundamenta-se em preceitos como ação planejada e transparente, prevenção de riscos e correção de desvios de recursos e cumprimento de metas de receitas e despesas. Além disso, de acordo com o Projeto de Lei proposto, os municípios, os estados e a União deveriam submeter seus orçamentos à análise e à aprovação dos Tribunais de Contas da instância correspondente. Como articulador de uma abrangente categoria econômica, Burti sabia o papel que os empresários deveriam desempenhar em favor da aprovação do diploma de interesse do País.

Já a crise cambial de 1999 foi sentida especialmente pelos industriais brasileiros, que sofriam com a concorrência de produtos importados. O choque ocorreu quando, depois de cinco anos de câmbio fixo, a relação entre a cotação da moeda brasileira e do dólar passou a ser flutuante. Foi uma espécie de "ressaca" do Plano Real, ou da intrincada estrutura que o mantinha funcionando, com o câmbio fixo e altas taxas de juros. A afluência de moeda estrangeira era grande, tanto pelos investidores que aqui aportavam em busca da boa rentabilidade oferecida pelo País, quanto pelas privatizações de empresas públicas – companhias como a mineradora Vale do Rio Doce (hoje Vale), as elétricas Light e Telebrás, diversos trechos das malhas ferroviária e rodoviária e bancos estaduais, como o paulista Banespa, que foram lançados em Bolsa de Valores ou vendidos para operadores privados durante o governo de Fernando Henrique Cardoso (FHC).

Para manter a paridade real-dólar, um dos alicerces do plano, o governo pagava um preço: desequilíbrio da balança comercial, com aumento do déficit, e crescimento da dívida pública. Mesmo com o aumento da carga tributária promovido nos anos finais da década, as contas não se equilibravam. Entre 1997 e 1998, a Ásia e a Rússia entraram em crise, causando um abalo no mercado e pressionando o preço das *commodities* exportadas pelo Brasil. Logo após as eleições presidenciais, que resultaram na reeleição de FHC, o governo começou a estudar a mudança da dinâmica cambial.

Em janeiro de 1999, o novo presidente do Banco Central, Francisco Lopes, anunciou outra modalidade de controle cambial, a "banda diagonal endógena", mas não foi possível manter a cotação da moeda americana no patamar exigido, de R$ 1,32, e a autoridade monetária permitiu a flutuação do câmbio. O real desvalorizou-se rapidamente, chegando a um pico de R$ 2,16 em marco de 1999. Em fevereiro, o BC foi assumido por Armínio Fraga, que estabilizou o câmbio no patamar de R$ 1,75. Antes disso, porém, a variação cambial pesou, sobretudo para quem exportava ou trabalhava na indústria.

Além das pautas econômica e política, a Associação Comercial de São Paulo seguiu com uma programação de eventos e serviços voltada à vida prática do empresário. Burti assumiu a gestão com o compromisso de defesa da micro e pequena empresa, tendo o Serviço Brasileiro de Apoio às Micro e Pequenas Empresas (Sebrae) como parceiro em estudos, construção de indicadores e mapeamento de soluções para problemas comuns a todos os membros. Naquele momento, o parcelamento de débitos junto à divida ativa e o Profisco (Programa de Apoio à Gestão dos Fiscos do Brasil), da Secretaria da Fazenda, estavam entre os assuntos que mais requeriam a atenção do empresariado paulista – e, consequentemente, do comando da ACSP.

A agenda do presidente da Associação era agitada. Nos primeiros dois anos em que exerceu a presidência da associação, Burti recebeu representantes de países como Japão, Portugal, Tailândia, Índia, Bélgica, Peru, China (Hong Kong) e Taiwan – esses dois últimos, vale lembrar, eram alvo da admiração do mundo no final dos anos 1990, no papel de "tigres asiáticos", nações que progrediram economicamente em um período relativamente curto de tempo. O processo de globalização que marcaria a passagem entre o século XX e o XXI avançava rapidamente, e São Paulo ascendia como metrópole e principal polo de negócios do hemisfério Sul. Para o representante dos empresários locais, tomar contato com a política internacional era uma tarefa fundamental no projeto de inserir a cidade no mapa global. As figuras nacionais, como o presidente Fernando Henrique Cardoso, o então prefeito da cidade, Celso Pitta, ministros e secretários, também tiveram suas muitas horas de conversa com Alencar Burti na sede da Associação Comercial. Nos encontros de ação local, estavam representantes das distritais e da entidade do comércio de outros estados brasileiros.

Na pauta de trabalhos da ACSP, estiveram ações como os convênios com instituições financeiras como Banco do Brasil e Caixa Econômica Federal, além da parceria com o Sebrae para a criação de novos postos de trabalho no âmbito do Programa Brasil Empreendedor. Era um novo momento para o País, que se, na década anterior, apenas sobrevivia à hiperinflação, agora era capaz de dar passos maiores e, de fato, construir um futuro melhor.

Outra das atividades que faziam parte do escopo da ACSP era promover palestras que deixassem os associados atualizados sobre os assuntos de seu interesse. Na gestão 1999-2001, Burti levou Antônio Carlos Magalhães, senador e presidente do Congresso Nacional; o jurista Ives Gandra da Silva Martins; o economista, ex-ministro da Fazenda e do Planejamento e seu companheiro de ACSP, Antônio Delfim Netto; e o cientista político Bolívar Lamounier. Nas eleições municipais de 2001, à semelhança do que fez na Fenabrave em 1989, promoveu debates com os candidatos à prefeitura de São Paulo. As sabatinas com o tema "Planos de governo dos candidatos à prefeitura em 2000" tiveram a participação de Luiza Erundina, Marta Suplicy, Geraldo Alckmin, Romeu Tuma, Marcos Cintra e Paulo Maluf.

Mas havia, além de tudo isso, um motivo particular que levou Alencar à presidência da Associação. Ou, antes, duas missões para as quais ele, um aglutinador e especialista nato em desmanchar nós, era perfeito: manter a entidade paulistana e a Facesp unidas e colocar as finanças da ACSP em patamar saudável.

Quando Alencar Burti chegou à presidência da ACSP e da Facesp, alguns membros de ambos os grupos defendiam o fim daquela união de quase 40 anos. O novo presidente logo viu que esse desejo não se justificava. A ACSP contava com serviços de informação e publicações que movimentavam recursos e pautavam a sociedade, enquanto a outra tinha o dispositivo político de 420 associações comerciais por todo o Estado, cuja atividade era muito significativa economicamente. Como poderiam, alguns, esperar que ele separasse as duas entidades, quando aquele era mais um caso em que, evidentemente, a união fazia a força? Ao longo dos primeiros meses de gestão, reuniu-se com os presidentes das associações comerciais do litoral e do interior do Estado e com os membros da própria Associação Comercial da capital que desejavam a separação das duas entidades. Expôs os benefícios da parceria e destacou a força política da Federação – maior, certamente, do que o poder individual de qualquer uma das associações. Convenceu todos de que era melhor as entidades continuarem unidas nos mesmos propósitos.

E havia as questões do orçamento da Associação Comercial de São Paulo, que, à imagem de muitas empresas e do próprio governo, emergiram da crise com muitas dificuldades financeiras. O *Diário do Comércio*, diante da concorrência tradicional e da ascensão de publicações especializadas, já não correspondia tanto quanto no passado. A principal fonte de renda vinha do Serviço de Proteção ao Crédito, que, com projeção nacional, vendia seus dados e pesquisas para diversos varejistas. Mas, ainda assim, não sobrava dinheiro. Alencar Burti sabia desse "abacaxi" desde o início. Tanto que, antes de assumir a presidência da Associação, avisou o time de conselheiros:

– Eu acredito que, se o voluntário ama a associação para a qual trabalha, ele está certo, e eu tenho essa relação com a Associação Comercial. Mas, para começar, eu preciso que haja a garantia de um orçamento mensal mínimo para desenvolver o trabalho.

O operacional foi garantido pelo corpo administrativo, e Alencar começou a se dedicar ao desafio orçamentário. Um empréstimo no mercado financeiro e mesmo a venda do jornal chegaram a ser cogitados, mas ele preferiu analisar as receitas do que já existia. Do SPC, em particular. Reuniu-se com a equipe que realizava as pesquisas e vendas de dados e analisou para quem o instituto vendia suas informações – um produto valioso, que deveria ser bem explorado. A posição em relação à concorrência também foi analisada. O importante era gerar caixa, e foi o que aconteceu. Em apenas um ano, na metade da gestão, a ACSP já tinha finanças saudáveis, longe do saldo negativo e da ameaça de fechamento de parte das suas operações.

O importante trabalho realizado entre 1999 e 2001 teve continuidade com a reeleição de Alencar Burti para a gestão seguinte.

O novo mandato não ocorreu por acaso. Como bem se lembra o então comerciante Guilherme Campos, que encontrou Alencar Burti pela primeira vez na ACSP, havia motivos de sobra para que os membros da entidade requisitassem sua recondução ao cargo. Além da simplicidade e objetividade do empresário, para

Campos sobressaía no líder classista sua habilidade de tratar divergências, combinando objetividade e elegância. As disputas institucionais certamente existiam, sabia ele. Com associados por toda a cidade e o estado de São Paulo, eram muitas as discordâncias em matéria de qual caminho seguir, qual decisão política apoiar ou rechaçar e quais membros da associação deveriam ter maior relevância. Alencar, no entanto, tratava dessas questões causando o mínimo possível de desconforto e zero dúvida sobre de qual lado estava. Foi amparado nessa honestidade que um dia, quando seguiam juntos rumo ao interior paulista para uma reunião da Facesp, Campos confidenciou-lhe que estava pensando em entrar para a política – o que de fato ocorreu, quando ele foi eleito deputado federal por São Paulo, posição que ocupou de 2007 a 2015. Embora fosse este um caminho que Alencar jamais desejou trilhar, ouviu com atenção os planos do colega e, com cuidado, disse o que achava ou não sensato ser feito naquela situação.

Capítulo 7

C QUEM FA

Capítulo 7

Missão em dose dupla para o pequeno empreendedor

"As pequenas empresas, por sua inovação, criatividade e flexibilidade em reinventar processos, podem ganhar posições de destaque neste novo mundo, tornando-se verdadeiras empresas sociais".

O ano de 2001 marcou o fim da primeira gestão de Alencar Burti como presidente da Associação Comercial de São Paulo e sua reeleição para o biênio seguinte, que terminaria em 2003. A renovação do voto de confiança dos seus pares na entidade tinha fundamento. Sob a primeira temporada com Burti na presidência, a ACSP fora reestruturada administrativamente, em um processo que trouxe mais integração e eficiência às operações. Além disso, a entidade havia conquistado a ISO 9001, atestado da qualidade do seu sistema de gestão nas áreas de finanças e tecnologia.

Em seu segundo discurso de posse, Alencar Burti sintetizou um pensamento que, de certa forma, consolidava sua experiência de mais de 30 anos em órgãos representativos de classe e antevia uma nova fase do ativismo empresarial: o valor do trabalho voluntário e da união entre os segundo e terceiro setor. Citando o trabalho de inclusão conduzido pela educadora Dorina Nowill desde a década de 1940, o empresário convocou seus colegas a agir com vistas a fazer frente a problemas sociais. A união entre as associações comerciais de todo o estado de São Paulo poderia, para ele, também somar entidades assistenciais e filantrópicas, formando uma malha de atuação responsável por parte da sociedade por todo o território paulista.

Esse discurso não estava distante da conjuntura brasileira no começo do novo século. Passadas duas décadas de baixo crescimento econômico e inflação nas alturas, veio a estabilização, e o País entrava nos trilhos, com moeda consistente e preços sob controle. Mas as cicatrizes dos últimos 20 anos de atribulações econômicas e políticas e de 500 de tumultuada história nascida em equivocada conduta de colonização ainda se faziam presentes, em questões como os níveis de desemprego e violência urbana.

Qual era a responsabilidade dos líderes empresariais nesse cenário? Para Burti, havia duas frentes nas quais o grupo deveria atuar: unindo-se às organizações não governamentais e entidades filantrópicas, como foi pontuado no discurso da sua reeleição, e incentivando a autonomia profissional dos cidadãos. Foi nesse sentido que, em 2002, Burti abraçou uma nova causa: a seção paulista do Serviço Brasileiro de Apoio às Micro e Pequenas Empresas – ou simplesmente Sebrae.

Sua missão, assinalou ele em um dos seus últimos pronunciamentos na gestão da ACSP, em 2003, era atenuar, por meio do incentivo ao pequeno empreendedor, alguns dos problemas econômicos que abatiam o brasileiro. "*Ao fechar o livro de atuação nessas grandes entidades, abro outro, que visa ao apoio à pequena empresa, que julgamos ser o caminho mais curto para o desenvolvimento e para ajudar a atenuar esta chaga que é o desemprego: por meio do empreendedorismo*", disse. Antigo empregado, empreendedor de negócios de pequeno porte desde os anos 1940, agora um empresário bem-sucedido, ele atuaria com esses colegas de maneira diferente.

Jeito, aptidão, vocação, gosto, habilidade. Por muito tempo, o sucesso ou o fracasso de um negócio eram creditados unicamente à presença ou à ausência dessas virtudes inatas em seus donos. E, de certa forma, há bastante verdade nisso. Mas, dessa expressiva

Linha do Tempo

2001
Início da segunda gestão como presidente da ACSP

2002
Eleito Presidente do Sebrae-SP

2007
Início de mais quatro anos à frente da Associação Comercial

2011
Deixa a presidência da ACSP

2014
Encerra atuação no Sebrae

vinculação entre o sucesso de uma firma e o talento do seu fundador, surgia um problema: pequenos empreendedores viam sua criação morrer nos primeiros anos de vida. Em muitas vezes, não que faltassem conhecimento do seu produto ou traquejo para tratar com o "freguês", e sim porque, ao fim e ao cabo, é preciso mais do que isso para fazer um estabelecimento dar certo. Manter a contabilidade em dia, saber ler e interpretar sinais do mercado e negociar com fornecedores são tarefas do dia a dia de um empresário que podem, no começo, assustar quem não cresceu íntimo desse universo ou não estudou seus preceitos básicos.

Isso sem falar nos ajeitamentos legais, tributários e burocráticos necessários para a abertura de uma empresa. Sempre foram numerosos os obstáculos a serem ultrapassados caso a determinação fosse por sobreviver – e não à toa, eram muitos os pequenos empresários que sucumbiam logo no início de suas carreiras. E, com eles, centenas de outras pessoas. Como boa parte dos negócios de pequeno porte é familiar, quando um comércio ou serviço fecha as portas, não é apenas o dono que perde sua fonte de renda, mas também filhos, cônjuges, sobrinhos, agregados, fornecedores, funcionários e amigos. A engrenagem do emprego nessa pequena escala se traduz em estatísticas, como aquelas que tanto alarmavam o brasileiro desde o começo dos anos 1980. No entanto, embora o propósito de Burti em 2002 fosse mergulhar na experiência de coordenar aqueles que ajudavam os pequenos empreendedores em tempos imprecisos, o Sebrae havia nascido em um contexto econômico bastante diferente.

Essa história havia começado há cerca de 30 anos, quando o Brasil vivia o seu "milagre econômico". Era o ano de 1971, e técnicos do Instituto de Pesquisa Econômica Aplicada (Ipea) começaram a discutir a criação de um órgão de abrangência nacional que desse apoio aos pequenos negócios. A ideia era lastreada na experiência da Superintendência do Desenvolvimento do Nordeste (Sudene) e seus Núcleos de Assistência Industrial (NAI), um programa de assistência às pequenas e médias indústrias implementado quatro anos antes, nos estados nordestinos. Os serviços oferecidos pelos NAI foram formulados a partir de estudos do Banco Nacional do Desenvolvimento (BNDE, atual BNDES), que desde 1965 comandava o Programa de Financiamento à Pequena e Média Empresa (Fipeme). Os diagnósticos do banco apontavam que a má organização administrativa e as deficiências de gestão daqueles pequenos negócios eram os principais responsáveis pela inadimplência nos empréstimos disponibilizados pelo Fipeme, e os NAI da Sudene operavam a fim de minimizar essas falhas de gestão. A experiência se mostrou proveitosa e foi reproduzida em outros estados por meio dos Centros de Assistência Gerencial (CEAG), e o Ipea levantou a hipótese de solidificar esses órgãos.

Em 1972, um ano depois das discussões no Ipea, foi proposto, durante o 2º Congresso das Classes Produtoras, o estabelecimento de um órgão federal de apoio técnico à pequena empresa, que atuasse sobre todo o território. E, em julho daquele mesmo ano, foi instituído o Centro Brasileiro de Assistência Gerencial à Pequena Empresa e Média (Cebrae), com sede no Rio de Janeiro e ligado ao Ministério do Planejamento. Dois meses depois, em apoio à iniciativa, a ACSP promoveu o seminário "Experiência Internacional Relativa à Pequena e Média Empresa", marcando o início de uma identificação entre as duas instituições que se estenderia pelas décadas seguintes.

O Cebrae credenciou os antigos CEAGs espalhados pelo Brasil e, com recursos do governo federal, passou a disponibilizar conhecimento e assistência para os pequenos empresários que haviam tomado financiamentos com o BNDE. Logo, os setores rural, comercial e de serviços passaram a ser assistidos pela entidade. Em São Paulo, a presidência do CEAG-SP passou a ser exercida pelos presidentes do Banco de Desenvolvimento do Estado de São Paulo (Badesp), da Federação das Indústrias do Estado de São Paulo (Fiesp) e da ACSP, em sistema de rodízio. Em 1973, um ano depois do estabelecimento do Cebrae, o primeiro escritório do braço paulista da entidade entrou em atividade, no bairro dos Jardins. Em 1977, a organização ganhou força com a criação do Programa Nacional de Apoio à Microempresa (Promicro), cujos recursos seriam geridos pelo Cebrae. Essa foi, também, a primeira vez que o termo microempresa foi usado oficialmente.

Nos anos 1980, o Cebrae ganhou novas atribuições e ajudou a colocar em prática programas de fomento à atividade rural e à exportação. A articulação e o fortalecimento do setor por meio da autarquia também começavam a render conquistas políticas e legais. Em 1984, uma nova lei veio a instituir o Estatuto da Microempresa, e um decreto criou o Conselho de Desenvolvimento da Micro, Pequena e Média Empresa.

Em 1990, o Brasil elegeu um novo presidente e ganhou um Programa Nacional de Desestatização, que buscava "desinchar" rapidamente a máquina pública. Logo o Cebrae foi desvinculado da esfera pública federal e ganhou o status de serviço social autônomo de utilidade pública, sem fins lucrativos e sustentado por contribuições de empresas. No mesmo ano, a denominação do órgão mudou para Sebrae, e os antigos CEAGs estaduais foram substituídos por seções. Também mudou a sua forma de financiamento. Antes mantido com recursos do orçamento da União, a partir de então o Sebrae receberia uma contribuição de 0,3% incidente sobre a folha de pagamento e recolhida pelas empresas ao INSS. Do montante repassado, iriam 55% para o Sebrae Nacional e 45% para os Sebraes estaduais. Em São Paulo, a entidade passou a ser dirigida por um Conselho Deliberativo composto por representantes de 13 entidades produtivas, entre elas a ACSP.

Desvinculado do governo e com autonomia, o Sebrae paulista ampliou seus serviços. Naquela década, foram criadas iniciativas como o Balcão Sebrae, por meio do qual os pequenos empreendedores iam diretamente à sede da instituição para tratar com consultores sobre seus desafios e problemas, e o Balcão Itinerante, que oferecia o mesmo serviço em cidades mais distantes da capital. Para espalhar as atividades do Sebrae por todo o estado, a entidade firmava parcerias com governos municipais, centros de pesquisa e universidades, que ajudavam tanto na viabilização de eventos quanto de estudos. Em 1993, o Programa de Capacitação de Empreendedores (Empretec), formulado pela Organização das Nações Unidas (ONU), ministrou com o Sebrae um curso de imersão com duração de 60 horas. Ações de publicidade em diversas mídias e o programa "Pequenas Empresas & Grandes Negócios", exibido em todo o País pela Rede Globo de Televisão, a partir de 1988, contribuíam para tornar o Sebrae mais conhecido entre a população – e alimentar o sonho de milhares de pessoas de começar o próprio negócio. O Núcleo de Pesquisa Econômica, o Programa de Incubadora de Empresas e a Central de Teleatendimento, criados também nos anos 1990, melhoraram tanto os diagnósticos de mercado e a formulação de soluções quanto a efetividade das ações da instituição. Quanto menos pequenas empresas quebrassem nos primeiros anos de atividade, maior seria a eficiência do Sebrae.

Em razão do vínculo entre o Sebrae-SP e a ACSP, quando Alencar Burti chegou à presidência da Associação Comercial, em 1991, seu lugar como conselheiro da outra instituição já estava posto, em consequência de seu relacionamento com as lideranças da entidade e a intimidade com o seu trabalho – expressas, inclusive, em algumas ações conjuntas entre as duas organizações. Mas a eleição de Burti para o posto de Presidente do Conselho Deliberativo do Sebrae paulista viria por conta de uma habilidade muito particular: agregar e liderar pessoas.

Ao chegar ao Sebrae-SP, Burti logo entendeu que poderia fazer o que sempre fez muito bem: integrar mais o time de pessoas. E para diluir qualquer ilusão de que diferenças hierárquicas separavam uns dos outros, era preciso que ele fosse o primeiro a apresentar uma postura simples, serena e aberta. O que, para ele, não era nada difícil.

– *Eu entendo que qualquer poder que você tenha precisa estar alicerçado na humildade* – filosofa. – *Como eu posso dar ordens a qualquer um, sobretudo àqueles que, como eu, eram voluntários na entidade? É preciso conquistar confiança, explicar as coisas nas quais você acredita. E sem mentir.*

Depois de alguns meses à frente da entidade, os resultados começaram a surgir. Presidente do Conselho do Sebrae-SP no biênio iniciado em 2007, o agropecuarista e presidente da Federação da Agricultura e Pecuária do Estado de São Paulo (FAESP), Fábio Salles Meirelles, um dos mais representativos líderes rurais brasileiros, via como fator de distinção de Burti sua dedicação ao que considerava essencial no empreendedorismo e no associativismo: o capital humano. Segundo ele, Burti tem muita sensibilidade para entender o próximo, sabe ouvir e, com reais argumentos, convencer e agregar pessoas nas boas lutas.

Burti deu continuidade aos esforços de tornar o Sebrae-SP mais conhecido e atuante entre os donos das pequenas empresas em todo o estado. Algo necessário, sobretudo porque, na virada do século, mais dinamismo e especialização seriam exigidos das pequenas empresas.

Em 2002, segundo levantamento da organização, existiam no estado de São Paulo 1,3 milhão de pequenos empreendedores formalizados, 2,6 milhões de informais e 600 mil pessoas que declararam interesse em abrir um negócio próprio. O objetivo era não só capacitar esse grupo de interessados, para que pudessem, de fato, abrir suas empresas, mas também garantir a sobrevivência de todas elas – das que já existiam e das que poderiam vir a existir. E nesse quesito a conjuntura era preocupante. De cada 100 pequenas empresas abertas em São Paulo entre 1997 e 2001, 31 delas não ultrapassavam o primeiro ano de atividade, segundo pesquisa do Sebrae paulista.

Entre as que continuavam a funcionar além desse período, 60% não chegavam a completar cinco anos. Em termos concretos, isso significava na época o fechamento anual de 80 mil pequenas empresas, levando a uma perda estimada de 500 mil postos de trabalho e de R$ 15,6 bilhões em termos financeiros, o equivalente a 1,2% do Produto Interno Bruto (PIB) brasileiro. Entre os fatores que mais impeliam essas empresas a fechar precocemente, estavam: falta de planejamento do negócio antes da abertura; má gestão empresarial durante os primeiros anos de atividade, e insuficiência de políticas públicas de apoio aos pequenos negócios, sobretudo nos campos tributário, trabalhista e de crédito.

A conjuntura econômica nacional e os problemas pessoais também influenciavam o cenário. Essas duas últimas variáveis estavam fora da influência do Sebrae, mas Burti sabia que, na amplitude do alcance da instituição, era fundamental agir de maneira objetiva, direta e determinada. Até porque, quantos mais brasileiros conseguissem viver com dignidade à custa dos próprios negócios, tanto melhor seria para a coletividade.

– *É urgente elaborar políticas públicas que estanquem esta violência social* [que o País vivia]. *E uma alternativa viável, rápida e eficiente, não temos dúvida, é apostar nas pequenas empresas, que são verdadeiros "colchões sociais"* – escreveu na apresentação do relatório *"Sobrevivência e Mortalidade das Empresas Paulistas"*, publicado no final do seu primeiro ano de presidência.

Para tanto, a seção paulista do Sebrae implementaria algumas novidades, de dentro para fora. O programa Reinvenção Sebrae fez ajustes em toda a estrutura da organização, vertical e horizontalmente, simplificando a interação entre a entidade e seus clientes. Em parceria com o governo federal e buscando ficar mais conhecida no interior, entre 2003 e 2004, a entidade tocou o programa Brasil Empreendedor.

– *Tínhamos metas ambiciosas de capacitação e de parcerias. Fazíamos parcerias com comunidades carentes, íamos a alguns lugares bem simples. Nesses locais existe um público para o Sebrae atender e capacitar, uma série de empreendimentos que não podemos desprezar, uma vida econômica que independe das outras regiões*" – conta Burti, que participou em várias "expedições" da época.

Outra importante estratégia nesse sentido era fomentar diversos segmentos de maneira direcionada. No programa Empreender, um dos conceitos propagados pelos agentes do Sebrae era a cooperação. Na região de São João da Boa Vista, na divisa de São Paulo com Minas Gerais, por exemplo, o programa atendeu 11 municípios durante quatro anos, a partir de 2004. Os empreendedores de diversos segmentos, desde artesanato, estética e alimentação até construção civil e autopeças, foram divididos em 50 grupos de trabalho, com até 15 empresários em cada. O setor de economia criativa – que engloba artesãos, artistas e até agências de publicidade – recebeu incentivo especial com a criação do Núcleo de Cultura e o programa Empreendedor Cultural.

Em 2005, o trabalho conduzido pelo grupo passou para o Núcleo de Economia Criativa, ligado à atual Unidade de Desenvolvimento e Inovação do Sebrae-SP. Na mesma época, foi posto em prática o projeto de Arranjo Produtivo Local (APL), voltado para regiões que apresentam concentração de empreendimentos focados em atividades similares ou relacionadas – como é o caso da indústria calçadista na cidade de Franca, por exemplo. Em 2004, o programa de APL do Sebrae foi transformado em política pública pelo governo do estado de São Paulo.

Os setores da indústria e da agricultura também contavam com ações específicas. Em 2002, a organização revitalizou o Programa de Apoio Tecnológico a Micro e Pequenas Empresas (Patme), incorporando-o ao Programa de Consultoria Tecnológica do Sebraetec. Também foi implantado o Módulo SAI (Sistema Agroindustrial Integrado) – Metropolitano, em parceria com a Secretaria Estadual de Agricultura e a Federação da Agricultura do Estado de São Paulo (FAESP), assim como estudos para a implementação do Programa Cadeias Produtivas Agroindustriais. O objetivo da iniciativa era oferecer apoio técnico e modernizar a comercialização de produtos agropecuários originários do pequeno agronegócio, interligando a produção de mais de 500 municípios paulistas aos centros de comércio varejista de alimentos das regiões metropolitanas de São Paulo e da Baixada Santista.

Em um trabalho "de base", o Sebrae lançou o Programa de Educação Empreendedora, dirigido a crianças e jovens do ensino formal com o objetivo de fomentar a cultura de empreender já na formação escolar. Afinal, educar é preparar de maneira ampla para a vida.

Ao fim de sua primeira gestão à frente do Sebrae-SP, em 2004, graças ao esforço conjunto da equipe, Burti tinha alguns números e conquistas consideráveis para apresentar. Naqueles dois anos, atingiu-se a meta de 4,5 milhões de empreendedores paulistas, entre os já constituídos e os que abriram seu negócio naquele biênio. A criação do Centro do Emprendedor, na sede do Sebrae-SP, também foi marca da gestão. O centro foi imaginado como um local de referência em práticas pedagógicas voltadas ao empreendedorismo, como o Observatório do Empreendedor, destinado a mapear práticas de administração, testar novas metodologias pedagógicas e disseminá-las. *"Lançamos a semente que se espalhará por todo o estado de São Paulo, ajudando a combater a mortalidade das micro e pequenas empresas e a informalidade em todo o estado"*, afirmou Burti na cerimônia que marcou o fim de sua primeira temporada como presidente do Conselho Deliberativo.

O Sebrae também atuou fortemente nos campos político e jurídico e na formulação de políticas públicas. O Prêmio Prefeito Empreendedor, criado em nível nacional em 2001, já havia engajado prefeitos de 169 municípios paulistas na sua terceira edição, em 2004. Enquanto isso, o Seminário Novos Gestores Municipais reunira 400 prefeitos, secretários e vereadores paulistas, apresentando aos gestores públicos as ações do Sebrae-SP, que poderiam ajudar a compor políticas de desenvolvimento municipais. Além disso, foram enviadas em dois anos cerca de 11 mil correspondências, em dez situações estratégicas, às lideranças políticas do estado. Enquanto isso, o Seminário Reforma Tributária e a Microempresa discutiu a Lei Geral da Micro e Pequena Empresa, que havia sido apresentada naqueles tempos ao Congresso Nacional.

E, acima de tudo isso, estavam os resultados práticos do trabalho de "mão na massa" dos consultores do Sebrae. Um estudo conduzido pela organização e pela Associação Nacional de Entidades Promotoras de Empreendimentos Inovadores (Anprotec) mostrou que, por meio das incubadoras e de projetos como o de APL e SAI, em um ano as pequenas empresas graduadas nesses programas tiveram seu índice de sobrevivência ampliado para 70%. Sobreviver e, mais do que isso, crescer. Nada mais adequado para a instituição que, naquele ano de 2004, lançou uma nova campanha com o mote que sintetizava sua história e o ideal do presidente do seu Conselho Deliberativo: *"Para quem é pequeno, mas sonha grande"*, afirma Alencar Burti.

Entre o Pátio do Colégio e o bairro do Paraíso, na zona sul da cidade, existe uma distância de aproximadamente 8 km, dependendo do caminho que se faça. A partir de 2002, Alencar Burti realizaria esse trajeto muitas vezes por semana, entre as sedes da Associação Comercial de São Paulo e do Sebrae-SP, que presidiu simultaneamente por algum tempo. Com os negócios da família – fundados por ele e por companheiros, como Renato Ferrari, nas décadas anteriores – agora sendo conduzidos pelos filhos, ele conseguia dedicar todo seu tempo ao trabalho voluntário nas associações. Por algum tempo, as duas frentes de trabalho eram concomitantes. Seu segundo mandato como presidente da ACSP, por exemplo, coincidiu com o início do primeiro biênio à frente do Sebrae-SP.

O segundo mandato na ACSP também seria bastante ocupado por novidades na associação. Em 2001, foi lançada a Rede de Informações e Proteção ao Crédito (RIPC), renomeada pouco depois como Rede Nacional de Informações Comerciais (Renic), que integrou o banco de dados do SPC ao de órgãos similares espalhados pelo Brasil. Nos dois anos seguintes, a organização ainda inauguraria um novo prédio, na rua Galvão Bueno, no bairro paulistano da Liberdade, e firmaria novas parcerias com entidades como o Sebrae e a Caixa Econômica Federal, tanto para a realização de orientações técnicas quanto para o fornecimento de crédito empresarial.

Na agenda política, estiveram os lançamentos dos programas: Renda Familiar Mínima Municipal, Começar de Novo e Bolsa Trabalho, criados nos dois últimos anos do segundo mandato do presidente Fernando Henrique Cardoso. Em novembro de 2002, Burti teve uma reunião com o recém-eleito presidente Luiz Inácio Lula da Silva. Em suas entrevistas à mídia – entre 20 e 35 por mês –, Burti repercutia tópicos da macroeconomia, varejo e consumo, além de política, acontecimentos mundiais e seu impacto nos negócios.

Burti ficaria afastado do dia a dia da Associação Comercial pelo triênio seguinte, durante o qual a entidade seria presidida por Guilherme Afif Domingos. Em 2007, ele retornou, e ali trabalhou por mais duas gestões consecutivas. E, nessa temporada, a Associação Comercial de São Paulo acumularia uma nova função – além da tradicional atuação como núcleo de debate e capacitação dos empresários da capital: ajudar a colocar a cidade no mapa econômico mundial, como a "cidade global" que demonstrava estar destinada a ser.

O conceito de cidade global ganhou corpo na década de 1990, para explicar o papel das "cidades-chave" do processo de globalização que se intensificava. Essas localidades – defendem economistas, urbanistas e geógrafos especialistas na questão – funcionam como uma espécie de ímã, referência e centro de articulação para grandes empresas e agentes econômicos. Esse status criador de competitividade foi primeiro atribuído a Nova York, nos Estados Unidos, à capital britânica,

Londres, e à cidade japonesa Tóquio. E São Paulo não queria ficar fora desse jogo de poder e influência. Ao lado de outras metrópoles de países em desenvolvimento, como a cidade do México, São Paulo buscava também ser reconhecida como um novo "nó" da economia global. Para tanto, o planejamento urbanístico lançou mão de expedientes como a Operação Urbana Faria Lima, responsável pelo prolongamento da avenida homônima na zona oeste, pela construção de modernos empreendimentos imobiliários e pelo desenvolvimento semelhante da região marginal do rio Pinheiros.

Já a Associação Comercial de São Paulo, conhecedora profunda do perfil econômico paulistano e das possibilidades por ele oferecidas, tomou parte na missão de apresentar a cidade a representantes de governo e investidores estrangeiros. Entre 2007 e 2011, Alencar Burti se encontrou, em reuniões, eventos e almoços, com nomes como Álvaro Uribe, presidente da Colômbia; Atsuotoshi Nishida, CEO da Toshiba; Peter Brabeck, CEO da Nestlé; Václav Klaus, presidente da República Tcheca; Bali Moniaga, embaixador da Indonésia, e Dimitri Alexandrakis, embaixador da Grécia. Além de reuniões em instituições como a Câmara de Comércio Brasil-Reino Unido.

Entre encontros externos e internos, em 2011, chegava ao fim mais uma "dobradinha" de gestões na Associação Comercial de São Paulo. Mas nem por isso Burti ficaria parado. Em paralelo, ele encarava sua segunda temporada como presidente do Conselho do Sebrae paulista.

Alencar Burti ficou longe do posto de presidente do Conselho Deliberativo do Sebrae-SP entre 2005 e 2010. Nesse meio-tempo, os pequenos empresários, foco do trabalho de Burti na última década, haviam conquistado novas garantias legais – uma das principais bandeiras do Sebrae, em nível nacional. A primeira delas foi a Lei Complementar n. 123, instituída em dezembro de 2006. O texto criou dois recursos que acenavam para a desejada diferenciação jurídica e tributária do pequeno empreendedor: a Lei Geral da Micro e Pequena Empresa e o Simples Nacional.

A Lei n. 123 consolidava pequenas vitórias dos pequenos empresários que vinham desde a década anterior. O Estatuto da Microempresa, de 1984, foi o primeiro marco. Quatro anos depois, a nova Constituição Federal estabelecia que a União, os estados e os municípios deveriam dispensar tratamento jurídico diferenciado e redução de obrigações administrativas, tributárias, previdenciárias e creditícias aos negócios de pequeno porte. A colocação na Carta Magna fez com que, nos anos seguintes, surgissem mais avanços. Em 1996 surgiu o regime tributário Simples Federal e, em 1999, o Estatuto da Microempresa e da Empresa de Pequeno Porte revogou aquele dos anos 1980. Em 2003 foi aprovada a Emenda Constitucional 42, que definia o tratamento diferenciado para essas empresas, e três anos depois veio a Lei Complementar n. 123, que abriria o caminho para mais mudanças.

O texto previa uma série de benefícios para as pequenas empresas, como um regime unificador de recolhimento de impostos da União, dos estados e dos municípios, desoneração tributária das receitas de exportação, simplificação do processo de abertura, alteração e encerramento de empresas, facilidades no acesso ao crédito e preferências nas compras públicas. Mas, para que a lei valesse na prática, era preciso que cada governo municipal, um a um, decidisse adotar as novas regras. Por isso, a nova tarefa do Sebrae era trabalhar em prol da aplicação da lei Brasil afora, por meio de suas ramificações estaduais, e monitorar seu avanço, fazendo pressão para que, pouco a pouco, o País fosse aderindo ao texto legal.

Nessa etapa do trabalho em favor da lei, Burti observava o movimento e dava seu apoio por meio da Associação Comercial. Afinal, reduzir a carga tributária sempre foi uma de suas bandeiras por onde passou. E também atuava em favor da aprovação de uma nova ferramenta legislativa, que faria crescer ainda mais a quantidade de micro e pequenos empresários no País. Isso porque, embora significativa, a Lei Geral não abraçava a totalidade dos empresários brasileiros que atuavam nessas categorias. Vários deles, como vendedores ambulantes, tinham em si mesmos: chefe, empregado e contador. Como não trabalhavam em sociedade e nem empregavam ninguém, não tinham grande faturamento e muitas vezes sequer um endereço próprio, por isso eles não se encaixavam na categoria prevista pelo texto de 2006. E como, por outro lado, também não eram empregados de ninguém, ficavam sem nenhuma comprovação de seus rendimentos ou garantias sobre o seu trabalho. Assim, em 2007 foi elaborado o Projeto de Lei Complementar 02/07, que propunha a regulamentação de uma nova figura: Microempreendedor Individual (MEI).

Essa conquista foi um dos motivos que garantiu a Alencar Burti o título de "Empreendedor do Ano", em evento organizado por: Serasa, Associação dos Dirigentes de Vendas e Marketing do Brasil (ADVB) e Federação Nacional das Associações dos Dirigentes de Vendas e Marketing do Brasil (FENADVB).

Ninguém menos que o governador paulista Geraldo Alckmin telefonou, diretamente dos Estados Unidos, onde estava em encontro de trabalho, para enaltecer a conquista do líder classista. Alckmin falou "ao vivo" para mais de uma centena de líderes empresariais, políticos e de entidades associativas de todo o Brasil, que estavam no evento:

– *Parabéns pela sua liderança, pelo seu trabalho no comando da Associação Comercial de São Paulo, pelo seu espírito empreendedor e pela pessoa humana que você representa. Foram esses atributos que nos conquistaram a todos* – declarou o governador.[1]

A homenagem comportou outro telefonema, do presidente emérito da Fiesp, Mário Amato, merecedor da mesma homenagem em 2005, que não pôde comparecer.

– *Você é um símbolo da força do empresariado, e o País deve a você e às suas realizações.*

Alencar Burti agradeceu emocionado aos amigos pelas lutas, pelas experiências de vida e pelos conhecimentos adquiridos juntos.

– *O empreendedor e líder associativo deve ter humildade para aprender sempre* – enfatizou, lembrando da grande responsabilidade social que tem a ação do empreendedor no Brasil de hoje.

Elcio Anibal de Lucca, então presidente da Serasa, destacou o empreendedor persistente: "*O homem que consegue transmitir sua mensagem e unir pessoas*". À época Secretário paulista do Trabalho, Guilherme Afif Domingos lembrou "*o homem rico de valores e crenças*", cujo "*caráter e amizade não desaparecem com o tempo*". Os presidentes da ADVB, Miguel Ignatios, e da FENADVB, Agostinho Turtian, apresentaram Burti como "*um brasileiro notável, sempre disposto a trabalhar pelo seu País*".

Outros líderes de então também falaram sobre Burti. Para o presidente da Ordem dos Advogados de São Paulo (OAB-SP), Luiz Flávio Borges D'Urso: "*Foi um privilégio integrar a ACSP sob seu comando*"; para o presidente do Secovi (Sindicato da Habitação), o amigo Romeu Chap Chap: "*Ele é o grande líder empresarial do Brasil*"; para o presidente da Fenabrave, Sérgio Reze: "*É um grande camarada*"; para o presidente da Fiesp, Paulo Skaf: "*Um homem que sabe ouvir e unir pessoas*"; e, para o jurista Ives Gandra Martins: "*Alencar Burti tem o mérito de conhecer como poucos os problemas brasileiros*".

O ex-presidente Fernando Henrique Cardoso e o governador de São Paulo, José Serra, assim como os governadores de quase todos os estados, enviaram mensagens de apreço. Entre outros, marcaram presença os presidentes da Alshop, Nabil Sayhon; do Bradesco, Márcio Cipriano; da Fundação Bienal de São Paulo, Manoel da Costa, e o vice-presidente da General Motors do Brasil, José Pinheiro Neto.

Em 2008, a ACSP uniu-se a outras entidades de classe e de diferentes setores produtivos do Estado para promover o Mutirão da Legalidade, ato que reuniu lideranças e trabalhadores em São Paulo em favor da aprovação do projeto de lei. Os motivos para torcer pelo novo texto eram muitos. A estimativa era de que, uma vez existente a figura do MEI, 10 milhões de pessoas em

---

1 Publicado em *Diário do Comércio*, 26/04/2007.

todo o País poderiam sair da informalidade. No estado de São Paulo, poderiam nascer cerca de 3,2 milhões de microempreendedores, enquanto na capital esse contingente seria de um milhão de pessoas. As exigências para se tornar MEI eram basicamente duas: faturar até R$ 36 mil por ano e realizar, mensalmente, o pagamento de R$ 60 do Carnê da Cidadania, que centraliza impostos federais, estaduais e municipais e dá garantia ao trabalhador de benefícios previdenciários.

O Projeto de Lei Complementar também propunha mudanças no texto da Lei Geral, na tentativa de reorganizar e simplificar a metodologia de apuração do Simples Nacional, além da ampliação do número de atividades econômicas aderentes ao modelo tributário e uma série de medidas com vistas a avançar na desburocratização da vida dos pequenos empresários. O texto foi aprovado em 19 de dezembro de 2008, na forma da Lei Complementar n. 128, que criou a figura do MEI.

Com isso, o ano de 2009 começou com fôlego renovado para as entidades que, como o Sebrae, trabalhavam com pequenos empreendedores. A expectativa era de que, com a aprovação e divulgação da lei, um grande contingente de cidadãos que atuavam como autônomos, sem nenhum tipo de registro, buscasse a regularização profissional. O cadastro dos MEIs começou em julho, e Burti, como presidente da ACSP, compareceu à cerimônia de formalização do primeiro microempreendedor individual paulista, um pedreiro de Guarulhos, que fez sua inscrição no Portal do Empreendedor e entregou à Junta Comercial do Estado seus documentos para a realização do cadastro. E era preciso também oferecer auxílio técnico a esses recém-legalizados microempresários. No ano anterior, quando a lei que criou o MEI ainda estava sob avaliação, o Sebrae-SP e a Junta Comercial do Estado de São Paulo anteciparam-se e colocaram em prática um novo programa de orientação básica: "Abri minha empresa, e agora?".

Quando Alencar Burti retornou à presidência do Conselho Deliberativo do Sebrae-SP, em 2010, existiam, portanto, mais pequenos empresários – e esse contingente aumentaria rápido. Entre julho e dezembro de 2009, o número de registros em todo o País oscilava entre a linha dos cinco e dos dez mil. Em janeiro do ano seguinte, porém, o número saltou, atingindo os 25 mil, e o restante de 2010 seria caracterizado pelo firme aumento da quantidade de adesões, que, em novembro, atingiu o patamar de 100 mil. O estado de São Paulo respondia pela expressiva parcela desse total, firmado como a unidade federativa que mais contava com microempreendedores individuais. A maior parte desse grupo estava nos setores de comércio e serviços.

O novo e, ao mesmo tempo, veterano presidente do Sebrae-SP, assim como seus pares, enxergava na Lei Geral e no MEI a consolidação de anos de defesa da simplificação da vida dos pequenos empresários. Agora, a tarefa era não só garantir a competitividade e a perenidade desse contingente de novas empresas, mas também incentivar o seu crescimento. *"O pequeno nasceu para ser grande"*, era um dos mantras compartilhados por Burti com os companheiros do Sebrae – e uma das suas maiores convicções. Era um preceito que ele buscava espalhar no dia a dia da instituição, que, em 2010, se ajustava a mudanças internas e externas. Para atender com qualidade maior número de empresários e futuros empreendedores, o Sebrae-SP precisou contratar consultores terceirizados.

Esse capricho era necessário para atender os paulistas que aderiram ao *boom* do empreendedorismo e colocar em prática os projetos e programas para a década que se iniciava. Como bem indicava a diretriz para os próximos cinco anos de atividades: "Um Sebrae inovador para um mundo em mudanças".

Quando reassumiu a presidência do Conselho Deliberativo do Sebrae-SP, em 2011, Alencar Burti se dedicou também a garantir a continuidade de uma série de iniciativas do seu antecessor, Abram Szajman. As administrações dos dois presidentes tinham algumas semelhanças, em particular as medidas que tinham o propósito de implantar, consolidar e expandir uma entidade moderna e dinâmica em favor das micro e pequenas empresas. Em sua gestão, Szajman abraçara com entusiasmo o projeto de implantação dos escritórios regionais nos quatro pontos cardeais da cidade de São Paulo. Da mesma forma, ao assumir o comando, Burti dedicou-se de maneira incansável à continuidade desse e de outros projetos.

Um deles era o serviço de consultoria on-line, criado em 2010, que funcionava como uma ferramenta de bate-papo do portal do Sebrae, de segunda a sexta-feira. No seu primeiro ano de existência, o serviço já havia contabilizado cerca de 2,5 milhões de atendimentos. No meio rural, a instituição aperfeiçoou a consultoria aos pequenos produtores unificando sua metodologia e serviços no AgroSebrae, prestando consultorias tecnológicas e de melhoria de processos e colocação no mercado, com base na formação das Centrais de Negócios.

A época também marcou o avanço da entidade na frente da educação formal. Em 2012, o Sebrae-SP firmou uma parceria com a Secretaria da Educação do Estado para formar 91 turmas de professores do sexto ao nono ano do Ensino Fundamental para o Programa Jovens Empreendedores Primeiros Passos (JEPP). No ano anterior, a entidade já havia capacitado como "multiplicadores" do programa 4,5 mil professores, de 500 escolas do estado. No programa, os alunos conhecem as primeiras noções de empreendedorismo, criatividade, sustentabilidade e responsabilidade social com base em histórias fictícias e oficinas.

Cada ano do Ensino Fundamental, do primeiro ao nono ano, estuda-se um tópico – cujo nível de dificuldade acompanha a idade dos estudantes.

Em maio de 2012, foi dado mais um significativo passo. O Conselho Deliberativo presidido por Alencar Burti aprovou uma iniciativa: a criação de uma escola de negócios e empreendedorismo de nível superior, pública, gratuita e conduzida com o know-how acumulado pelo Sebrae em décadas de atividade. A Faculdade de Tecnologia (Fatec) Sebrae, a Escola de Negócios, foi resultado do acordo entre a instituição e o Centro Paula Souza, autarquia estadual que oferece ensino técnico e profissionalizante gratuito, por meio da Secretaria de Desenvolvimento Econômico, Ciência, Tecnologia e Inovação. O local escolhido para abrigar a nova escola foi o coração de São Paulo – na alameda Nothmann, bairro dos Campos Elíseos, em um amplo imóvel no qual, até pouco tempo atrás, funcionava uma confecção. Na divisão de tarefas, o Sebrae se responsabilizou pelas instalações e equipamentos, enquanto o Centro Paula Souza cuidou do projeto pedagógico, utilizando o Sebrae como fonte de consulta.

A escola foi inaugurada em março de 2014, quando Alencar Burti, reeleito presidente do Conselho para o quadriênio 2012-2014, estava na segunda metade do mandato. No dia da inauguração, viu-se diante de um sonho que muitos consideravam improvável de ser concretizado, que ganhara força havia pouco mais de um ano durante uma visita a Belo Horizonte. Conhecendo a escola de ensino técnico mantida pelo Sebrae mineiro, Burti voltou para casa com uma ideia fixa: criar uma iniciativa semelhante para São Paulo. O entusiasmo do presidente do Conselho contaminou a todos e, em pouco tempo, o sonho virou projeto e foi tomando corpo. Naquela manhã, aquilo se tornava real. *"Hoje é o dia em que este sonho antigo deixa o campo onírico e se torna realidade, graças ao trabalho conjunto de tantas pessoas que acreditaram e ousaram junto com a gente"*, definiu no discurso de inauguração da escola.

Aquele sonho, no entanto, não era para o Sebrae-SP, tampouco para os paulistas, e sim para o Brasil e seu futuro de desenvolvimento. *"Tenho plena convicção de que país desenvolvido é aquele em que a educação é prioridade número um, por isso meu sonho passa pela qualificação do nosso sistema de ensino"*, lembrou o presidente do Sebrae. E aquela escola, todos tinham certeza, seria uma semente, onde teoria e prática se encontrariam na medida certa para garantir o sucesso de empreendimentos cada vez mais fortes, sólidos e inovadores. *"Dizem que sou um semeador, e tenho certeza de que esta é uma semente de ótima qualidade, que vai render ótimos frutos. Vamos nos tornar referência em educação empreendedora, em rede de empreendedorismo e em desenvolvimento sustentável"*, apostou Alencar Burti.

Tal era seu engajamento na questão educacional que, paralelamente à construção da Escola de Negócios, dedicou-se a redigir artigos um pouco diferentes dos habituais, dedicados à conjuntura econômica e à questão fiscal. Nesses novos textos, debruçava-se sobre a questão da educação. Mais especificamente, ao que ele passou a chamar de "Educação Empreendedora", voltada à formação e ao aperfeiçoamento de pessoas de negócios, dotadas dos conhecimentos técnicos e da criatividade necessários para criar ou gerir empresas sólidas e de alto valor agregado. Ensinar a crescer e fazer crescer o País.

Com um vestibular de concorrência apertada já para o primeiro semestre de aula – com 18 candidatos por vaga, foi a maior proporção naquele vestibular da Fatec –, a faculdade abriu as primeiras turmas dos cursos de tecnólogo em Marketing e em Gestão de Negócios e Inovação. O entusiasmo dos candidatos animou o presidente do Sebrae-SP, como não poderia deixar de ser. E mostrava que o trabalho estava na direção certa. "*A procura pelos cursos mostra que os jovens ansiavam por um aprendizado focado para quem, desde cedo, sonha em ter seu próprio negócio*", disse Burti dias antes da inauguração da instituição. "*Demos um grande passo para que as próximas gerações de empresários estejam altamente capacitadas a enfrentar os desafios do mercado. Estamos felizes por promover a cultura empreendedora*". Além das graduações, o centro no bairro de Campos Elíseos oferecia cursos técnicos de Administração, Logística e Marketing, com 145 alunos matriculados. Já os cursos de tecnólogo, com três anos de duração, abriram com 70 alunos.

Os novatos tiveram o privilégio de ter o presidente do Sebrae-SP como palestrante da aula inaugural. Entre alunos, professores e funcionários, 250 pessoas ouviram um emocionado Alencar Burti contar sua história de vida, desde a infância junto à avó e os primeiros passos como aprendiz de joalheiro, até sua participação no *boom* automobilístico e seu trabalho em prol da coletividade. Ele reservou o final do tempo, antes da rodada de perguntas e respostas, para enumerar algumas lições que, acreditava, poderiam ser úteis na vida daqueles jovens com o sonho de empreender. Primeiro, reforçou a ideia de que estavam começando com o pé direito. "Empreender", disse, "é um dos principais caminhos para conquistar não só conforto material, mas também para contribuir com a sociedade e realizar um trabalho com estas que são, na verdade, grandes professoras". Falou da importância de olhar nos olhos do freguês, entender os desejos de clientes e colegas, ser responsável pelas próprias ações e prospectar o futuro a cada dia. A última lição era uma das mais importantes: tudo aquilo só teria o efeito desejado se, a cada dia, amassem as próprias vidas.

À escola dos Campos Elíseos e às conquistas em termos fiscais e legislativos em favor do pequeno empreendedor se somou mais uma conquista institucional: a criação da Secretaria da Micro e Pequena Empresa, ligada à Presidência da República. Com status ministerial, o órgão instituído em maio de 2013 tinha como titular Guilherme Afif Domingos, antigo conhecido de Burti desde os primeiros tempos de Associação Comercial. A presença no governo federal era importante, pois, ainda que o Sebrae se dedicasse a orientar pequenos empresários na condução dos seus negócios, os dirigentes de entidades setoriais, como Burti não se esquecia, deviam continuar atuando na esfera política. *"Em políticas públicas temos ainda desafios importantes a enfrentar, como a eliminação de qualquer restrição à opção pelo Simples Nacional, a implementação dos benefícios da Lei Geral em todos os municípios e a redução da burocracia"*, avaliou Burti nos meses finais da sua gestão.

Quanto às questões políticas – cuja resolução só costuma ser vista a médio e longo prazo –, aqueles últimos quatro anos haviam sido positivos para o Sebrae-SP. Em um estado com dois milhões de empreendimentos de pequeno porte, responsáveis por cerca de nove milhões de empregos, a entidade havia realizado sete milhões de atendimentos a pequenos empresários e futuros empreendedores, conduzindo 222 produtos e serviços. A rede de atendimento presencial havia crescido, sobretudo no modelo itinerante, que visita bairros e cidades distantes de um ponto físico da sede. Só a frota do Sebrae Móvel ganhara 20 unidades, além das carretas da Loja Modelo e do Salão de Beleza Móvel. O serviço de 0800, o atendimento on-line, os quase 30 cursos a distância e a criação da Escola de Negócios mostravam que, em 2014, a instituição havia fortalecido sua musculatura.

A extensão desse trabalho e os números cada vez mais robustos davam satisfação a Alencar Burti, que se despediu do posto de presidente do Conselho Deliberativo no início de 2015. Para ocupar seu lugar, foi eleito por unanimidade o empresário e presidente da Federação das Indústrias do Estado de São Paulo (Fiesp) e do Centro das Indústrias do Estado de São Paulo (Ciesp), Paulo Skaf. No dia da posse, Skaf, que cumpre seu segundo mandato à frente ao Conselho Deliberativo da entidade, declarou seu orgulho e felicidade por estar de volta ao Sebrae-SP. Ele reforçou que a entidade tem uma imagem muito positiva, sendo de enorme utilidade para as micro e pequenas empresas, o maior patrimônio do País.

– *O Sebrae-SP é um avião em voo de cruzeiro e vamos lutar com unhas e dentes para fortalecer ainda mais o bom trabalho que vem sendo feito pelos pequenos negócios* – prometeu Skaf, em seu discurso de posse.

E não deixou de elogiar seu antecessor:

– *Alencar Burti é um grande empresário, um homem respeitado por suas ideias e seu trabalho. A contribuição para o desenvolvimento da economia do Brasil sempre foi um compromisso de seu trabalho. A vocação de grande empreendedor pode ser vista em tudo o que Burti faz. Ele faz bem-feito* – comentou o novo presidente do Sebrae-SP.

Para o amigo Antônio Delfim Netto, Alencar é um homem que acredita nos outros, por isso tem essa participação permanente em instituições de classe. Ao presidir o Sebrae-SP, o economista acredita que ele esteve à frente de um dos organismos mais importantes do desenvolvimento da indústria.

– *Ele tem esse componente, digamos, social. Esse componente que chama, que põe como prioridade a cooperação. Ele é um empresário, portanto é um ser que cuida dos seus empreendimentos, mas que não esquece que faz parte da sociedade e que, portanto, ele só pode estar bem se a sociedade estiver bem. Essa divisão do Burti é algo que enriquece muito o empresário. Ele não fica preso ao seu umbigo, ele é capaz de ver o horizonte, e o Burti vê um horizonte em 360 graus. A coragem é a seguinte: só cresce quem acredita que pode crescer. O crescimento é um estado de espírito – essa é a verdade. É o tal espírito animal, quer dizer, só que combinado com a seguinte visão do mundo: para você estar bem, o outro também tem que estar bem. Esse sentido, esse senso cooperativo se manifesta na sua participação nas instituições de classe, com a presidência da Associação Comercial e do Sebrae-SP, entidades onde ele brilhou* – concluiu Delfim Netto.

E após oito anos de trabalho intenso, sabendo que tinha cumprido seu dever junto aos pequenos empresários do Estado, Alencar Burti confessaria que sua única objeção àquele universo era de ordem semântica.

– *Eu não gosto do termo microempresa, porque é um diminutivo injusto. Tudo o que é insignificante é "micro", mas o pequeno empreendedor não é, ele nasce para ser grande. É o mesmo que acontece com a gente. Nós nascemos pequenos e lutamos para crescer.*

Capítulo 8

ESARIA
ORDEM

Capítulo 8

Balanço e eterno recomeço

"O compromisso com a vida
só acaba quando ela acaba.
E a luta pelos interesses coletivos é eterna,
transcende a vida das pessoas
que dela participam.
Por isso é importante fazer o máximo
e deixar bons exemplos."

O jovem Paulo Burti tinha um plano bem delineado, seguro e destinado a dar certo. Recém-admitido na Ibirapuera Veículos, trabalhava lá durante o dia e cursava a graduação em Administração no período da noite. O filho mais velho de Alencar e Norma Burti estava se preparando para subir o rio São Francisco de barco naquelas férias de 1980. O período acadêmico havia terminado e uma turma de amigos da faculdade planejava passar algumas semanas longe de São Paulo, distantes e esquecidos das salas de aula, provas, livros e, no caso de alguns de seus membros, até do trabalho. Mas havia um detalhe que Paulo ignorava: ele não estava de férias.

– *De jeito nenhum* – retrucou Alencar Burti quando o filho foi lhe contar os planos de viagem. E esclareceu um ponto sobre a nova vida do rapaz: – *Isso de viajar quando não tem aula acabou. Agora suas férias vão ser as férias do trabalho e, como você acabou de entrar aqui, ainda não pode sair.*

Embora já fosse responsável e estivesse acostumado ao trabalho nas lojas de automóveis e moto, Paulo ficou um tanto frustrado ao ver a viagem pelo "velho Chico" ir por água abaixo... Mas obedeceu ao pai e ficou. Com o tempo, teve a percepção de que aquele momento havia sido o marco de uma virada na sua vida profissional, seu ingresso no mundo dos adultos. Seria com o mesmo estilo direto e transparente que Burti incentivaria os outros filhos a tomar nas próprias mãos a condução dos negócios da família – sem se apoiar completamente em privilégios vindos do sobrenome. Um por vez, Paulo, Cecília, Renata e Marcelo começaram a trabalhar nas lojas fundadas décadas antes por Alencar Burti. O pai, no entanto, frisava que aquela porta aberta pela família era tão somente isso: uma porta – não um caminho completamente pavimentado.

– *A minha parte eu já fiz. Agora é a hora de vocês construírem as suas próprias histórias e patrimônios, porque ninguém vai fazer isso por vocês,* alertou o pai, embora amoroso, realista e preocupado com o futuro dos seus.

Quando Marcelo, o filho mais novo, estava ponderando sobre assumir ou não um posto na Ibirapuera Motos, em 1986, logo depois de ter se formado na faculdade, lembrou-se do que o pai falara, uma constante no discurso do pai. Era a chance de conduzir a vida a seu próprio modo. E algo parecido aconteceria com todos os seus irmãos.

Filhos de um homem à moda antiga no comportamento, embora moderno na gestão, os quatro cresceram ouvindo o pai recitar a cartilha do estilo de trabalho que conhecia e praticara desde os anos 1940: ser o primeiro a chegar e o último a sair; estar a par de todos os detalhes; atender clientes com a máxima atenção; negociar com fornecedores; entender contabilidade. E o interior paulista, onde os filhos de Burti começaram suas carreiras, foi a verdadeira escola desse estilo de administração, de simbiose entre proprietário e propriedade – além dos colaboradores e clientes.

Foi na pequena Itapetininga, com pouco mais de 100 mil habitantes, que Paulo, aos 24 anos, passou a conduzir por conta própria uma das lojas – uma revenda de tratores e máquinas agrícolas. A equipe diminuta e a complexidade do negócio, bastante diverso do de automóveis, faziam com que a dedicação fosse intensiva. Era preciso – como o pai já havia feito – atuar como "faz-tudo". À semelhança do que acontecera com Burti décadas antes, na loja do interior, os clientes também faziam questão de ser atendidos pelo dono. E era comum, ainda, encontrar alguns deles, e mesmo funcionários, em restaurantes e no comércio local. Após quatro anos na cidade, Paulo se transferiu para Lençóis Paulista, onde ficou um ano. Depois passou outros três em Tatuí.

Já Marcelo, após a formatura em Economia e o trabalho nas concessionárias de São Paulo, foi indicado para assumir a loja da Igaratá Distribuidora de Veículos, em Lençóis Paulista, onde encontrou mais ou menos o mesmo cenário que o seu irmão – muito trabalho e diversidade de tarefas. Nesse meio-tempo, Cecília também partiu para o interior, somando força com os irmãos e acompanhando aquele novo estilo de vida. Na prática, e por vias diversas, os filhos acabaram reproduzindo a trajetória vivida pelo pai, mas a semelhança começaria a ser desconstruída em breve.

Esse movimento da família em torno das empresas poderia ser creditado ao fato de que Alencar Burti nunca foi, de maneira confessa, um bom professor. Embora perspicaz nos negócios e sempre atento, ele se tornava disperso quando o assunto era passar seus conhecimentos de maneira concreta e sistematizada. O início da vida profissional dos filhos coincidiu com a sua entrada, com mais energia, no mundo do associativismo. Por isso nunca trabalhou pessoalmente com nenhum deles e nem foi de dar ordens expressas. Quando era chamado para conversar sobre algum "abacaxi", ou perguntava como andavam as lojas, esclarecia algum ponto sobre as características do negócio, dava uma ou outra dica pontual – e só. O mais provável, porém, é que não se tratasse de falta de didática, e sim do desejo de ver os filhos fazendo as coisas do jeito que melhor entendessem, como ele havia feito. Liberdade com responsabilidade.

Isso aconteceu, em boa parte, porque os tempos mudaram. Quando voltaram para São Paulo para assumir uma revenda de automóveis, nos anos 1990, Paulo e Marcelo ficaram muito mais à vontade do que antes – com o ramo de atividade, com a cidade e com as suas vidas. Sem ter de dar conta de tudo, como no interior, e com a vida pessoal mais ativa, diferente de antes, foram ajustando os negócios à vida e estes aos novos tempos. Se antes trabalhar em quantidade era o mais importante, foram comprovando que, agora, a qualidade do trabalho realizado era fundamental ao sucesso. Passar 12 ou 14 horas por dia na concessionária não era mais necessário, já que uma equipe bem alinhada, bem treinada e sempre supervisionada conseguia manter tudo sob controle. Ademais, contavam com facilidades tecnológicas que não existiam nos anos 1980, e muito menos 40 anos antes disso. Sem precisar datilografar relatórios, balanços e controles de estoque, a rotina profissional ficou descomplicada.

O que não mudava, e que havia sido uns dos preceitos ensinados por Burti, eram o comprometimento com a excelência do atendimento e do produto vendido e o respeito a todas as pessoas envolvidas, desde colaboradores até clientes. Com o afastamento de Alencar Burti e de Renato Ferrari do dia a dia das lojas, no final dos anos 1980, os filhos dos dois sócios, primos por parte de mãe, dividiram entre si os empreendimentos na capital e no interior.

Enquanto isso, Renata aprendera um pouco mais sobre a relação estreita com o cliente. "Braço direito" do pai desde o começo da vida adulta, tomou gosto pelas joias e foi trabalhar na Matisse. Uma força extra bastante útil durante o período em que a joalheria manteve uma filial no Shopping Morumbi, zona sul da capital. Mas, se para os seus irmãos as concessionárias e a realidade paulistana foram um agente impulsionador, para Renata, a Matisse e a cidade se tornariam um problema. Em 1996, a joalheria deixou o sobrado na rua Pamplona, onde estava desde 1971, e se instalou na alameda Gabriel Monteiro da Silva, um ponto sofisticado nos Jardins. Ali, o impacto da criminalidade que abatia São Paulo nos anos 1990 acabaria por fazer uma vocação de muitos anos desviar-se de sua rota.

Em 22 anos, a Matisse foi assaltada seis vezes. Além do prejuízo material decorrente de cada um desses episódios, os traumas emocionais foram se acumulando. Na última dessas investidas, em 1997, Renata foi rendida pelos assaltantes. Era uma manhã de sábado, a loja ainda não tinha sido aberta aos clientes, quando 10 homens armados com metralhadoras renderam 11 membros da equipe. Durante quatro horas, ameaçaram os reféns de morte, caso os cofres não fossem abertos, e "limparam" o conteúdo de três deles.

"Estou como um lutador de boxe. Após o sexto assalto, jogo a toalha", desabafou um exausto Burti. Em fevereiro daquele ano, logo após o assalto, um aviso na fachada da Matisse pedia a compreensão dos clientes e amigos sobre o fechamento provisório da loja. Mas o que era para ser temporário acabou por ser definitivo. A sensação, resumiu, era a de enterrar um filho. Com o fechamento da joalheria, Renata uniu-se aos três irmãos na segunda veia comercial da família: o ramo automobilístico.

Alencar Burti guardaria dali suas raízes e o saber profundo de uma atividade muito específica. Tanto que, entre os colegas da Fenabrave, havia quem dissesse, em tom de brincadeira, que "de carros ele não entendia tanto assim...". De joias, no entanto, bastava olhar com alguma proximidade para não errar se eram verdadeiras ou não. Das joalherias também ficou o gosto pelas coisas delicadas, belas e emocionantes da vida.

Estava claro, tanto para Burti quanto para quem o cercava, que não era por dinheiro. Seus filhos, sucessores no negócio automotivo, veem isso com clareza. *"Ele veio de origem humilde, e até os 50 anos alcançou mais do que imaginava. Teve as suas conquistas materiais e, então, foi buscar outro tipo de desafio. De ter um ideal, lutar pela classe dos vendedores de automóvel, dos pequenos empresários. Tanto ele quanto meu tio, que era mais voltado às questões jurídicas. O dinheiro, para meu pai, serve para dar liberdade de trabalhar em função de um ideal"*, afirma o primogênito, Paulo.

Esse ideal pelo qual um sempre valente Alencar Burti ainda luta foi, inicialmente, expresso na tarefa de valorizar os vendedores de automóveis.

Em um Brasil anterior à Lei Renato Ferrari, não havia instrumento que avalizasse os donos de concessionárias e seu patrimônio com alguma garantia contra os mandos das gigantes e poderosas montadoras. Era preciso comprar briga, e lá foi ele – impetuosidade que lhe custou a concessão de uma das lojas. Depois, na Associação Comercial de São Paulo e no Sebrae-SP, o que falou mais alto foi seu desejo de unir pessoas, trabalhar em prol de objetivos comuns e auxiliar esses pequenos empresários a solidificar e expandir seus negócios. Crescem as pessoas, cresce o Brasil.

"Ele tem o ideal de projetar as entidades em que trabalha, de dar importância a elas. Foi na época dele que a Fenabrave se projetou, ficou conhecida e se tornou federação. A Associação Comercial também ficou muito mais presente na mídia quando ele se tornou presidente. E o prazer dele no Sebrae-SP era pegar milhões de talentos e poder aperfeiçoá-los, mostrar isso para o mundo", avalia o filho Marcelo. *"Mas era muito um trabalho de aglutinação também. E isso ele não faz sendo uma pessoa dócil, e sim sendo duro. Mas, de um jeito transparente e honesto."*, completa.

Além do exemplo para os filhos, aos 86 anos e em plena atividade, Burti conta com o reconhecimento da sociedade: entre 2002 e 2008 levou para casa uma série de honrarias. Da comunidade de origem italiana, recebeu o troféu "Loba Romana", entregue pela Assembleia Legislativa de São Paulo às personalidades que vêm representando os valores da comunidade Ítalo-brasileira, e a Medalha Giuseppe Garibaldi, destinada a membros expressivos da comunidade italiana e ofertada pelo Instituto Italiano di Cultura, Associazione Nazionale Veterani e Ruduci Garibaldini.

Seu relevante papel na comunidade paulista rendeu-lhe a Medalha Constitucionalista e o Diploma de Mérito da Sociedade Veteranos de 32-MMDC, destinados àqueles que "engrandecem os ideais legalistas da Revolução de 32", o colar do Jubileu de Brilhante da Revolução Constitucionalista, oferecido pelo Instituto Histórico e Geográfico de São Paulo, e a Medalha Cultural D. João VI, outorgada pela Academia Paulista de História, Academia Paulista de Letras e Academia Paulista de Educação.

Em 2014, o desembargador e acadêmico José Roberto Nalini, presidente do Tribunal de Justiça do Estado de São Paulo, convidou Burti para assumir o posto de representante da sociedade civil no Conselho Consultivo Interinstitucional daquela Corte. Conhecendo Alencar havia décadas, ele não teve dúvidas de que a experiência e a visão humanística do líder classista fariam a diferença no grupo. Ao longo dos anos, o desembargador pôde observar que, em ambientes dominados pela falta de consenso sobre quase tudo, Alencar Burti era uma rara unanimidade. Além disso, sua trajetória era um *"testemunho de desapego e de doação de seu tempo, talento e disposição de trabalhar em benefício da comunidade"*.

Não é apenas a questão humanitária. O amigo Mário Garnero defende que falar sobre Burti é escrever um pouco sobre a história do Brasil.

– Ele é leal, solidário, simples e grande executor de todas as fainas em que se envolveu, seu perfil é o de um realizador feliz. Feliz consigo mesmo e com a sua obra. Juntos trabalhamos na indústria automotiva, e a Lei Ferrari tem o seu carimbo também. A Associação Comercial teve nele um grande presidente modernizador e dinâmico. E o Sebrae ganhou uma velocidade ímpar sob seu comando. Se só estes pontos ao acaso lembrados não fossem suficientes para marcar uma vida de dedicação à sociedade, então bastaria dizer, como meu amigo que é, obrigado por tanto ter dado ao Brasil e a nós o seu carinhoso e afetuoso calor humano.

Para o atual presidente da Fenabrave, Alarico Assumpção Junior, o papel de Alencar Burti na entidade que dirige foi extremamente importante. Ele ressalta a luta do amigo pela manutenção da lei Renato Ferrari.

– Coube ao amigo Alencar Burti conduzir o assunto junto ao governo, e o fez com muita dedicação e sabedoria, conseguindo preservar esta Lei, ainda que com ajustes, e que passou a ter a numeração 8.132/90. Ele é um líder classista nato, com alto poder agregador e consciente de que, como voluntário em cada entidade que presidiu, deve compartilhar decisões com seus pares. Faz amigos por onde passa e isso é inquestionável. Seu admirável espírito de liderança também o fez se destacar como empresário, tendo sido bem-sucedido tanto na época em que trabalhava no ramo de joalherias como, depois, sendo concessionário de veículos.

Premiado entre políticos e acadêmicos, junto aos colegas de comércio e associativismo, Alencar Burti é dessas raras unanimidades positivas que têm algo a dizer. Devido ao seu carisma e a um bom humor inabalável, os membros de entidades como Fenabrave, ACSP e Sebrae aprenderam a perceber quando Burti chegava a determinado evento ou reunião. Logo, algum ajuntamento de pessoas se formava, pois eram muitos os que se aglomeravam para cumprimentá-lo. Conhecido por não fugir de uma briga, mas sem perder a elegância e a presença de espírito, trata qualquer assunto com habilidade e visão.

Lázaro de Mello Brandão, presidente do Conselho de Administração do Bradesco, destaca sua meritória liderança na Associação Comercial de São Paulo.

– Ele defende sem reticências a importância da livre iniciativa e a prevalência do setor privado enquanto motor do desenvolvimento econômico, porque, entende com argúcia, que são valores que precisam ser reafirmados de modo permanente para o avanço da sociedade brasileira. É admirável a postura firme de Alencar Burti na defesa de reformas fundamentais para abrir caminho ao progresso do Brasil, com realce para a tributária, previdenciária e trabalhista. Sua firme crença na democracia, na conciliação e no diálogo, como pressupostos para a construção de um País justo e próspero, é inspiração para todas as pessoas que acreditam e têm fé no Brasil.

Para o jurista e líder rural Fábio Salles Meirelles, Alencar Burti é um homem experiente, com uma longa trajetória nas atividades comerciais, habilidoso e sereno na condução administrativa.

– Ele teve uma atuação magnífica na direção do Sebrae-SP, administrou com competência, sempre atento às transformações econômicas, sociais e tecnológicas. Burti, durante sua gestão, buscou a todo o momento valorizar o que considerava essencial para o empreendedorismo, não apenas as inovações tecnológicas, mas também o capital humano, para ele o verdadeiro agente transformador.

Para o também ex-presidente do Sebrae-SP e presidente da Federação do Comércio do Estado de São Paulo, Abram Szajman: *"Alencar Burti foi predestinado a desenvolver um trabalho efetivo em benefício dos brasileiros"*. Ele afirma isso com propriedade, pois a vida dos dois, coincidentemente, trilhou caminhos paralelos. Assim como Burti, Szajman veio de uma família simples. Começou a trabalhar ainda menino, com dois propósitos bem definidos: ajudar nas despesas da casa e aprender, no trabalho, as lições que o tornariam um homem de negócios, capaz não só de ganhar a própria sobrevivência, mas também de empreender com importância para a história da sociedade.

Burti sempre acreditou que não bastava ganhar dinheiro, lucrar, se não houvesse uma contrapartida social, que fizesse com que os resultados beneficiassem toda a sociedade. Por isso escolheu o varejo, convencido de que esse setor exercia grande efeito multiplicador na economia, capaz de gerar muitos empregos, distribuir mais a renda e despertar no trabalhador a vocação para o empreendedorismo.

Entretanto, desde sempre soube que era preciso ousar, entrar com destemor nas novas frentes varejistas que se abriam no mercado brasileiro. Assim, foi um dos pioneiros no nascente e sofisticado mercado varejista de automóveis. Em pouco tempo, tornou-se uma expressiva liderança do setor, ocupando a presidência de suas mais importantes entidades representativas. E qual era o segredo de seu sucesso como líder de um forte setor econômico do Brasil? A certeza de que ele se implantava e fortalecia fundamentado na união de centenas de micro, pequenas e médias empresas varejistas.

– Podemos dizer que Alencar Burti conduziu a luta pelo empreendedorismo. Aos 86 anos, ele tornou-se o grande defensor da ética e da responsabilidade empresarial para a constituição de uma sociedade mais humana e justa – afirma Szajman.

Os elogios são muitos, mas não alteram a marca registrada de Alencar Burti: sua simplicidade e franqueza. Quando fazer terapia virou moda e todos falavam a respeito do divã que haviam escolhido para exercitar a alma, Burti encerrava o assunto com simplicidade: *"Meu terapeuta é melhor que o de vocês. É mais barato e não se opõe a nada do que eu digo. Concorda sempre comigo"*. E quem é esse santo psicanalista? – perguntavam. *"É o meu cachorro. Eu saio para passear com ele pelo bairro e vou contando os meus problemas. E ele só vai abanando ora a cabeça, ora o rabo...".*

Na manhã de uma segunda-feira, 23 de março de 2015, 650 pessoas se reuniram para a abertura das atividades anuais da Assembleia Legislativa do Estado de São Paulo (Alesp). A afluência ao plenário Juscelino Kubitschek, no entanto, escondia outro interesse além de acompanhar o início do ano dos deputados paulistas. Na data, a casa abrigou a seção solene de posse dos diretores e conselheiros da Associação Comercial de São Paulo e da Federação das Associações Comerciais do Estado. Entre eles, Burti, que chegava à sua quinta gestão como presidente das duas entidades. Um tempo tão longo que, como ele costuma brincar, há quem pense que ele é um dos fundadores da Associação Comercial.

Naquela data, ao subir ao parlatório, tomou a dimensão do evento e descartou o discurso que havia preparado dias antes, preferindo um improviso repleto de significado.

– *Estou bastante emocionado e vou falar para vocês o que o meu coração mandar. Porque eu criei tal amor por essa entidade que não seria justo eu ler um discurso. Declaração de amor a gente não faz por escrito, e sim olho no olho* – justificou sem disfarçar uma ponta de emoção, racionalmente contida.

Talvez a sessão solene lhe trouxesse muitos pensamentos... O início da sua vida associativa, o trabalho de maior fôlego na Fenabrave, o dia a dia junto aos comerciantes paulistas e pequenos empresários espalhados pelo Estado, cada qual apostando no grande sonho de seus pequenos negócios. A relação com a ACSP, que estabeleceu, de fato, um contorno praticamente de família – visto que Norma, há anos, atuava na linha de frente do Conselho da Mulher da ACSP. Quem sabe tivesse pensado também no legado de Renato Ferrari, amigo e companheiro de lutas, morto em 2013. Ou nos milhares, milhões de jovens educados e de empreendedores incentivados e apoiados pelo Sebrae-SP.

Mas sua fala foi curta e objetiva, ainda que cheia de sentimento, porque ele vive um conflito permanente entre razão e emoção. Sempre atento ao cenário econômico e político brasileiro, destacou que, naquele momento, mais uma vez – como em outras tantas oportunidades ele havia testemunhado – era hora de evitar a todo custo cair na comiseração. Ao contrário, era tempo de buscar soluções para as dificuldades impostas.

– *Temos um momento muito importante pela frente. Existe uma falta de sintonia entre a população e o governo, e nos cabe buscar o ajuste necessário. Porque temos que pensar, antes de tudo, em nosso país. Um País maravilhoso, que, por meio de nossa integração e ética, pode ser construído de acordo com o que desejamos.*

Esse trabalho, ele sabia havia muitos anos, era ainda missão para décadas e décadas adiante. Os resultados dessa luta ficariam para seus netos e bisnetos. Prova disso era que, apesar do esforço contínuo e de vitórias de sua trajetória, como o nascimento da Lei Renato Ferrari e a Lei Geral da Micro e Pequena Empresa, para lembrar apenas algumas das causas defendidas por muitos e muitos anos, havia ainda outras, como a da redução da carga tributária que sempre volta à baila e acaba emperrada nos meandros do universo político.

Fosse em 1965, quando convenceu um secretário do Estado a baixar um imposto sobre as vendas de carros usados, ou em 2015, quando assumia novamente o comando da entidade que agrega milhares de empresários da maior cidade do País, as mesmas coisas eram e seriam sempre exigidas: tenacidade, capacidade de agregar pessoas e buscar soluções. O mesmo, enfim, que é preciso em qualquer tarefa que envolva amor e vocação, como aquele existente entre Alencar Burti, o balcão e a defesa dos colegas da produção. Vale dizer que, na sua concepção, todos os que produzem são trabalhadores, sejam eles empresários sejam colaboradores.

Foi evocando o amor, sentimento que norteia sua vida, que ele encerrou o discurso antes de partir para mais uma temporada de trabalho.

– *Eu amo muito esta minha vida, e sem vocês ela não teria sentido. Portanto, peço que vocês, juntos, a Facesp, os amigos vice-presidentes e superintendentes, e a ACSP através das 15 distritais na cidade, que todos nós, juntos, possamos contribuir para o futuro. E que, em vez de apenas criticar, sejamos parte das soluções. Muito obrigado e contem comigo!*

Assim é Alencar Burti. Desde sempre, agora e para sempre.

POSFÁCIO

Alencar Burti é daquelas pessoas que a gente quer sempre ter por perto. Ele "é o cara". Dono de um otimismo irreversível (se não incompreensível), está sempre pronto para estender-lhe a mão com um sorriso nos olhos. Conheci esse amigo de mais de quatro décadas nas ruas do Centro, quando ele trabalhava com o tio na La Royale, uma famosa joalheria no centro de São Paulo e da família, onde ele começou a trabalhar com 17 anos. Aliás, como eu, Burti começou a labutar cedo. Aos 14 anos teve seu primeiro registro profissional em uma empresa de exportação, na rua Xavier de Toledo.

Aos finais de semana, trabalhava com o tio e ficou na área de joias por três décadas. Era sua paixão. Uma paixão que teve de abandonar em 1997, em razão de sua joalheria (a Matisse, na alameda Gabriel Monteiro da Silva) ter sido assaltada seis vezes em 14 anos.

Ele teve de recomeçar praticamente do zero, no segmento de varejo de automóveis. Seu entusiasmo e capacidade empreendedora, a experiência como vendedor e uma carteira de clientes fiéis fizeram com que ele se reerguesse.

Certa vez, discursando como paraninfo de uma turma da FAAP, se não me engano, ele deu um recado que mostra bem seu espírito combativo e sempre jovial: "Saibam que fracassar não é sinônimo de fim. É apenas uma adversidade que tem que ser superada".

Desde logo Burti ingressou na vida institucional. Dentre outras, incluindo as do setor automotivo, ele participava vivamente da Associação Comercial de São Paulo, da qual o Secovi-SP era muito próximo.

Na rotina das entidades de classe, em especial na Associação dos Dirigentes de Vendas e Marketing do Brasil (ADVB), estreitamos nosso relacionamento, fortalecido por compartilharmos um ideário comum, embasado em valores como livre iniciativa e livre mercado e condições palatáveis para o funcionamento das empresas, o que implicava reduzir a burocracia e a carga tributária.

Ainda, compartilhávamos a paixão pelo centro de São Paulo. Quem viveu aquela época sabe como era maravilhoso trabalhar e frequentar a região, em que se localizavam as melhores lojas, bons restaurantes e confeitarias requintadas. Um lugar onde a vida pulsava. É triste ver como o Centro foi relegado e como Burti trabalhou e continua trabalhando para revitalizá-lo.

Não foi surpresa quando ele assumiu a presidência da Associação Viva o Centro. Aliás, sua trajetória profissional e institucional é simplesmente admirável.

Fundou e presidiu entidades no segmento automotivo, dentre elas a hoje denominada Fenabrave (Federação Nacional da Distribuição de Veículos Automotores). Foi várias vezes eleito presidente da Associação Comercial do Estado de São Paulo (ACSP). Presidiu a Federação das Associações Comerciais do Estado de São Paulo (Facesp) e a Confederação das Associações Comerciais e Empresariais do Brasil (CACB).

Sua alma empreendedora o inspirou a buscar meios de ensinar e promover o empreendedorismo. Assim, lá foi ele também para o Sebrae-SP, onde acaba de concluir mais uma gestão na presidência do Conselho Deliberativo do órgão em São Paulo (2011-2014). Detalhe: ele nunca deixará nenhuma das mais de seis instituições em que já ocupou cargos de liderança. Ele não para nunca, pois ama o que faz, ama viver. Tanto que voltou a presidir a ACSP e a Federação das Associações Comerciais do Estado de São Paulo (Facesp), em março de 2015.

E é graças a isso que ele continuará somando esforços com todos os que defendem um país mais justo e com aqueles que só querem empreender e, assim, gerar riquezas para a Nação.

Nesses anos todos de amizade e companheirismo (e ambos acreditamos que é importante chegar a qualquer idade buscando novidades), só cabe adicionar que foi e continua sendo uma honra trabalhar com ele nas lutas pelo bem do Brasil e dos brasileiros.

Sem dúvida, por muitos dos avanços já conquistados e outros que vêm por aí, a sociedade só pode dizer "obrigado, Alencar Burti. Você é o cara".

Romeu Chap Chap
Núcleo de Altos Temas (NAT) do Secovi-SP
Sindicato da Habitação

Reflexões de Alencar Burti

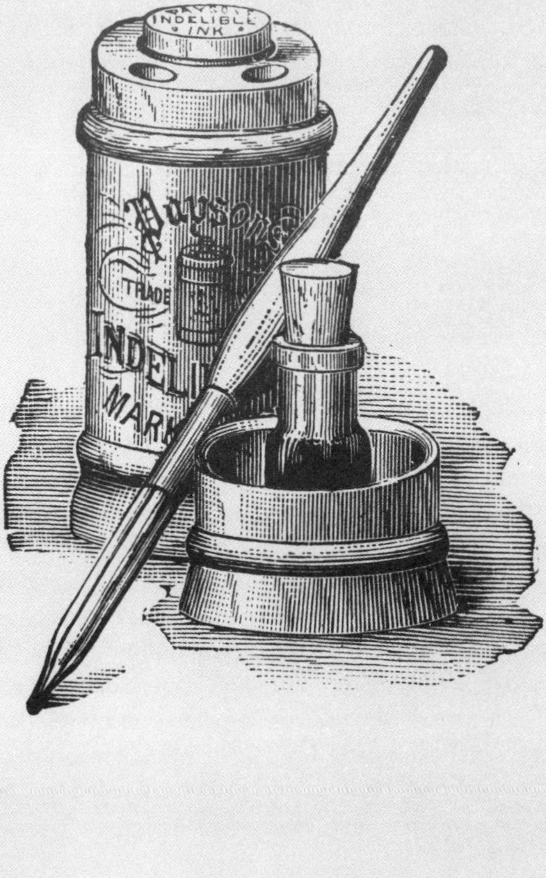

A hora e a vez da pequena empresa

2007

No extremo sudoeste do Estado de São Paulo, a 330 km da capital, os empreendedores de pequeno porte de Itararé contam, desde maio de 2007, com o tratamento diferenciado preconizado pela Constituição Federal.

Com a regulamentação da Lei Geral das Micro e Pequenas Empresas, exatos cinco meses e dez dias após promulgação da legislação no âmbito federal, os 3 mil pequenos negócios do município tiveram os trâmites burocráticos minimizados, passaram a pagar menos impostos e a contar com maior apoio na realização de compras públicas e no acesso à inovação e ao crédito.

Esse esforço trouxe benefícios concretos, em especial no combate à informalidade e à sonegação fiscal. Em apenas um ano, o município viu dobrar o número de empresas formais e aumentar em quase 20% a arrecadação do Imposto Sobre Serviços (ISS).

> ***"A Lei Geral das Micro e Pequenas Empresas trouxe benefícios concretos, em especial no combate à informalidade e à sonegação fiscal"***

Qual a receita para o sucesso? De acordo com o prefeito da época, o diálogo aberto com toda a sociedade – administração pública, legisladores, associações de bairros e entidades empresariais – foi fator decisivo para a ágil decisão. Outro ingrediente essencial foi a decisão de continuar praticando a política certa de incentivo às micro e pequenas empresas da cidade.

Itararé é o exemplo do que acreditamos e pregamos há tempos. Ao promover a desoneração fiscal e diminuir a teia burocrática que enreda a livre iniciativa, os resultados positivos saltam aos olhos, tanto em diminuição de sonegação, como em formalização de novos empreendimentos, geração de emprego, renda, enfim, do verdadeiro ciclo virtuoso do desenvolvimento sustentável.

Infelizmente, menos de 10% dos 5.564 municípios brasileiros já percorreram este caminho. No Estado de São Paulo, 170 cidades já têm a Lei Geral regulamentada, beneficiando diretamente quase 60% dos 1,7 milhão de pequenos negócios paulistas e os milhões de empregados nelas ocupados.

É um resultado expressivo, mas ainda muito aquém do que almejamos. A presidente e seu gabinete, senadores e deputados federais, governadores e deputados estaduais, prefeitos e vereadores têm a oportunidade única de entrar para a história como personagens que realmente fizeram a diferença para os milhões de empreendedores, golpeando de maneira coordenada e efetiva os efeitos nocivos dos excessos de burocracia e tributos, bem como a falta de acesso ao crédito e à inovação.

Temos uma clara sinalização da presidência da República de que este movimento vai ganhar novo impulso nos próximos anos, como, por exemplo, com a criação da Secretaria da Micro e Pequena Empresa. Acreditamos que todo e qualquer instrumento de efetivo apoio ao pequeno negócio só vem somar esforços na batalha diária de garantir o tratamento diferenciado às micro e pequenas empresas, desde que, como em Itararé, toda a sociedade esteja envolvida neste movimento de inclusão.

Senhores governantes e legisladores, esta é uma oportunidade única de mudar a realidade dos pequenos negócios, gerar riqueza e consequente bem-estar a todos os cidadãos.

Para o comércio o futuro é agora

2011

No Estado de São Paulo, de cada 100 pequenos negócios, 48 estão no comércio. São 880 mil micro e pequenas empresas (MPEs) do varejo. Este cenário deve mudar em breve. De acordo com estudo do Sebrae-SP - Tendências e Cenários sobre Micro e Pequenas Empresas - em 2015, o setor de serviços passará, pela primeira vez, a concentrar maior número de MPEs: 995 mil contra 953,3 mil no comércio.

Esta inversão é resultado das mudanças que já estamos vivenciando e que vêm gerando demanda no setor de serviços: aumento da renda *per capita* e, por consequência, do consumo, menor desconcentração da renda, com a consolidação de uma poderosa e ávida classe C, que saltou de 63 milhões de brasileiros, em 2005, para 102 milhões em 2010.

Ainda de acordo com a pesquisa, em todas as classes sociais, os gastos com habitação e alimentação lideram o consumo de serviços e comprometem, em média, 36% e 19%, respectivamente, das despesas de consumo dos paulistas. O estudo aponta que, na medida em que a renda sobe, ocorre uma diversificação no consumo das famílias, com um aumento claro no consumo de outros itens de serviços.

> ***"Um grande desafio para os pequenos empreendimentos do comércio é conquistar a clientela em um mercado competitivo"***

Instala-se, portanto, um grande desafio para os pequenos empreendimentos do comércio, o desafio de (re)conquistar esta clientela e perenizar, com sucesso, sua empresa num mercado cada vez mais competitivo e restrito. Como diferenciar-se?

Recentemente estivemos, junto com uma missão de empresários e especialistas, no maior evento de varejo do mundo, a 101ª Retail's Big Show, em Nova York (Estados Unidos). E a conclusão a que chegamos é que nunca foi tão importante para o varejista colocar o cliente como foco das atenções, entender e atender suas necessidades e aspirações.

A novidade é que os varejistas podem fazer isto de uma maneira mais rápida e eficiente investindo em tecnologia e incorporando em sua gestão as ferramentas virtuais disponíveis. Mas sem esquecer que os dados obtidos não bastam por si próprios; servirão para impulsionar ainda mais o contato com o cliente. Sim, ao comprar, o cliente quer (e vai querer ainda por muito tempo) o olho no olho, quer a atenção que nenhuma máquina pode dar.

Ampliar e integrar os canais de venda, melhorar a experiência da compra, com a utilização dos mais variados estímulos sensoriais, usar as mídias sociais com inteligência e conhecer o comportamento de compra do cliente, inclusive quando ele está dentro da loja, são ações que vão fazer a diferença.

E o Sebrae-SP pode apoiar os pequenos varejistas nesta tarefa, em especial com o programa Comércio Varejista. Lançado em 2006, no formato de consultoria *in loco*, já contabilizou mais de 8 mil lojas participantes, que utilizaram cerca de 100 mil horas de consultoria especializada.

Dentro do programa também temos a Loja Modelo, uma loja conceito onde são aplicadas as mais modernas técnicas de ambientação e visual merchandising. E em parceria com a Escola Superior de Propaganda e Marketing (ESPM), mantemos o Laboratório de Varejo, uma loja cenográfica que permite aos varejistas vivenciar a reestruturação completa de uma loja com problemas de organização e layout.

Estas são algumas ferramentas que disponibilizamos para os que desejam vencer os desafios do mercado. Basta acessá-las.

Onda nacional pró-educação

2011

A questão do empreendedorismo, em especial do apoio às pequenas empresas, nunca foi tão debatida como agora por toda a sociedade. Ao longo dos último anos, tivemos várias vitórias, da inclusão de um artigo na Constituição Federal, que deu origem ao Estatuto das Micro e Pequenas Empresas, às melhorias tributária, tecnológica e da desburocratização.

Entretanto, tratar os diferentes de forma diferenciada requer novos avanços em diversos aspectos. Quero destacar um que acredito ser de extrema importância e que tem um impacto importante na nova onda de competitividade dos empreendimentos de pequeno porte: a educação.

Para entender a relevância deste ponto, antes é preciso entender quem são estas empresas e sua importância no cenário socioeconômico. Em 2009, segundo o IBGE, existiam 4,3 milhões de empresas brasileiras, responsáveis pela ocupação de 34,3 milhões de pessoas, entre empregados, proprietários e familiares que trabalham na empresa, e pela movimentação de R$ 476,7 bilhões em pagamento de salários e outras remunerações.

De acordo com a pesquisa, em 2007, foram constituídas 464,7 mil empresas no Brasil. Dessas empresas, 285 mil continuavam em atividade em 2009, ou seja, uma taxa de mortalidade de 38,7% para empresas com até dois anos no mercado.

O fechamento dessas empresas é um desafio para governos e entidades promotoras do empreendedorismo. De acordo com estimativa do Sebrae-SP, somente as empresas paulistas que fecharam em 2008 levaram R$ 20 bilhões.

> ***"Acredito que a educação é de extrema importância e tem um impacto importante na competitividade dos empreendimentos de pequeno porte"***

Não existe um único fator que, isoladamente, seja determinante para o fechamento de empresas. Nossas pesquisas indicam que há um conjunto deles, que vão da falta de planejamento prévio e ineficiência na gestão a um ambiente externo ainda hostil: cerca de 80 dias para abrir uma empresa no Brasil, a carga tributária corresponde a 38% do PIB, o acesso ao crédito, mesmo com todas as melhorias, ainda não chegou à maioria dos milhões de pequenos negócios.

Como dissemos anteriormente, estes problemas já começaram a ser tratados pelos formuladores de políticas públicas e, temos certeza, em breve não mais farão parte do cotidiano do sistema produtivo nacional.

Entretanto, é preciso mais, é preciso investir na educação. De nada adianta tratar os desiguais de forma desigual se a base educacional dos empreendedores, e da maioria dos cidadãos brasileiros, está muito aquém do que vemos no cenário internacional.

O Programa Internacional de Avaliação dos Alunos (Pisa), da OCDE, mede, a cada três anos, o conhecimento dos alunos em matemática, ciências e leitura. Em 2009, o Brasil ocupava o 53º lugar entre 65 países participantes.

Para se ter ideia do impacto deste dado, basta comparar com os indicadores da Coreia do Sul, país que deu um salto no PIB *per capita*, saindo de US$ 67, em 1950, para US$ 28.715, em 2010. O segredo? Investimentos perenes em educação e inovação. No Pisa, os estudantes sul-coreanos ficaram em 6º lugar.

Precisamos não ter receio de copiar e adaptar as boas práticas que já comprovaram ser certeiras. Está na hora de o Brasil criar uma onda nacional em favor da educação. Com ensinos fundamental, médio e superior de qualidade, que assegurem ferramentas para tomadas de decisões adequadas, não há quem segure este País.

Também se faz necessária a expansão da educação empreendedora, valendo-se das escolas para ensinar o comportamento empreendedor, identificado, na década de 1980, por dez características do empresário de sucesso.

Para esta verdadeira revolução no ensino, em especial na educação empreendedora, é preciso o envolvimento de todos os segmentos da sociedade. E nós do Sebrae em todo o Brasil, e de São Paulo em particular, estamos preparados para ajudar a plantar, em curtíssimo prazo, esta semente.

Sociedade aprisionada

2011

Final de ano sempre é época de fazer o balanço dos últimos acontecimentos e projetar as metas que pretendemos alcançar no novo ano que se aproxima.

Mais que colocar em ordem os desejos pessoais, acredito que podemos aproveitar a oportunidade para fazer uma reflexão profunda sobre o Brasil que queremos em 2012.

Este que diariamente, e infelizmente, vemos nos meios de comunicação, tomado pela corrupção em todas as esferas? Ou um Brasil livre deste mal e pronto para estar, pelo mérito de seus cidadãos, entre os mais desenvolvidos?

Que tal colocarmos na lista de intenções a promessa de participar do movimento que vai acabar com a inércia que aflige os brasileiros? É hora de deixar o nhem-nhem-nhem de lado e nos posicionarmos firmemente. Precisamos cobrar de nossos líderes governamentais, legislativos e do judiciário o fim de tudo o que impede o Brasil de estabelecer um verdadeiro ciclo virtuoso nos campos político, econômico e social.

Há décadas nós, pobres pecadores, alcunha que gentilmente nossos "santos" deram aos contribuintes, assistimos aos desvios de conduta de toda ordem, fazendo com que a corrupção se instale em todos os níveis dos centros de poder.

> ***"Há décadas, nós assistimos aos desvios de conduta de toda ordem. Não podemos mais nos calar diante do que passa pelos nossos olhos"***

Não podemos mais nos calar diante do que passa pelos nossos olhos diariamente, sob pena de também sermos acusados de participar do esquema. Afinal, "quem cala, consente", diz o velho e sábio dito popular.

Um breve retrospecto confirma que é hora de (re)agir. Em épocas de sociedade de informação, globalizada e interconectada, assistimos, lemos e ouvimos diariamente os mandos e desmandos dos que se acham espertos e querem sempre levar vantagem.

São ministros caindo, um após outro, por conta de denúncias de comportamento totalmente aético, um verdadeiro boliche; ministros do Supremo e desembargadores pedindo auditorias e reformas no Judiciário porque se sentem constrangidos com os fatos que permeiam o cotidiano da justiça; comandantes da Polícia Militar e delegados ruborizados (sim, eles ainda existem) diante da participação de policiais civis e militares no mais variado cardápio de crimes; empresários e agentes fiscais envolvidos em fraudes tributárias; os desfalques nos cofres públicos.

Insistimos que ainda há esperança e uma saída para estas mazelas que sistematicamente jogam nosso querido Brasil num rol que não merecemos mais estar: o dos países mais corruptos do mundo.

É passada a hora das reformas política, tributária e trabalhista, que muitos insistem em jogar debaixo do tapete. É chegada a hora de investir em educação para que a população saiba escolher seus representantes no Executivo e Legislativo, saiba lutar por seus direitos e esteja ciente de que também tem deveres que precisam ser cumpridos.

Não podemos esperar que os problemas que hoje afligem os países desenvolvidos cheguem até nós, para resolver estas questões tão fundamentais.

Porque pode não dar tempo de nos organizarmos em busca da solução definitiva e termos que nos contentar com os remendos ou até com uma solução via ditadura, como já vivemos e não temos saudades.

Dizem que o mundo vai acabar em 2012. Esperemos que sim. Que o velho mundo, com todas as teias de desmandos e corrupção, seja varrido do globo e abra espaço para uma sociedade ciente de seus direitos e deveres, ciente de suas responsabilidades no enfrentamento dos desafios que surgem, que não se imobilize tão facilmente e que ajude a construir um Brasil modelo para todos.

Burocracia brasileira: servindo a qual senhor?

2011

Recentemente comemoramos a maioridade do Real, moeda instituída em 1º de julho de 1994, como parte do programa de estabilização econômica, um dos mais bem-sucedidos em nossa história recente.

Ao parabenizar os que domaram o processo inflacionário, acredito que é hora de nossos formuladores de políticas públicas voltarem sua atenção para outro monstro, tão ou mais perigoso, que mina forças dos quase 200 milhões de brasileiros e em especial dos seis milhões de proprietários de micro e pequenas empresas: a intrincada estrutura burocrática brasileira.

O corpo deste gigante é constituído de 4,4 milhões de normas legais, algo em torno de 776 normas por dia útil, que consomem quase R$ 50 bilhões por ano da economia brasileira e exigem o armazenamento, por parte das empresas, de 120 milhões de documentos.

Sabemos que a burocracia é indispensável ao funcionamento do Estado. O que pedimos é o ajuste dos procedimentos burocráticos à dinâmica que a inovação tecnológica imprimiu em todas as relações.

Dados do Índice de Competitividade Mundial, do IMD, que mediu o desempenho econômico, eficiência do governo, eficiência dos negócios e infraestrutura de 59 países, mostram que o Brasil ficou apenas no 55º lugar, no item eficiência do governo, ao serem analisados critérios como marco regulatório, legislação dos negócios e finanças públicas. Ou seja, o arsenal burocrático do País.

> ***"O empresário brasileiro gasta em média 490 horas para administrar os encargos trabalhistas e 1.374 para cumprir as normas dos impostos sobre consumo"***

Pesquisa do Sebrae-SP mostra que, de cada 100 empresas abertas hoje, 27 não completarão um ano de atividade. Junto com o encerramento, R$ 20 bilhões/ano deixam de circular na economia e 350 mil postos de trabalho são perdidos. Entre as principais causas do fracasso está o excesso de burocracia.

O empresário brasileiro gasta em média 736 horas para cuidar do Imposto de Renda, 490 para administrar os encargos trabalhistas e 1.374 para cumprir as normas dos impostos sobre consumo.

Não podemos nos dar ao luxo de perpetuar este quadro em que tempo, recursos financeiros e criatividade são direcionados para uma ação que não gera dividendos, empregos e distribuição de renda. É urgente, portanto, que se faça uma ampla, irrestrita e justa reforma, com a simplificação dos procedimentos e das regras.

Já temos um bom exemplo que mostra que não se trata de algo inatingível. Em julho de 2007, o governo federal instituiu o Simples Nacional, regime tributário que agregou oito tributos. A eficiência deste sistema só não é de 100% porque os benefícios obtidos pelo Simples estão diluídos, ainda, nos ônus dos excessos burocráticos.

Precisamos parar de resistir a esta mudança. Precisamos de vontade política para criar o regime da "desburocracia".

Não nos furtamos ao compromisso de contribuir; o que não aceitaremos mais é sermos os únicos a dar nossa cota de participação e sacrifício. Queremos e vamos exigir que cada um cumpra seu papel neste esforço gigantesco de fazer com que a burocracia sirva, única e exclusivamente, aos cidadãos brasileiros e remeta o Brasil a um voo, sem escalas e conexões, para o grupo de Nações plenamente desenvolvidas.

Novo Brasil, novas regras

2011

O Brasil tem uma nova face: o Censo do IBGE mostra que, em 2010, a idade média da população é de 32,1 anos, a taxa de alfabetização cresceu, chegando a 90,4%, quase 40% dos lares estão sob a responsabilidade das mulheres e a distribuição de renda melhorou, apesar de ainda ser bem desigual – 10% dos maiores rendimentos ganhavam 44,5% do total.

O cenário empresarial também traz boas novidades. Segundo pesquisa do Serviço Brasileiro de Apoio às Micro e Pequenas Empresas (Sebrae), com dados da Receita Federal, a taxa de sobrevivência de atividades das micro e pequenas empresas em todo o País subiu sobremaneira: de cada 100 empresas abertas em 2006, setenta e três conseguiram ultrapassar os dois anos de atividades. Este desempenho é superior ao de países reconhecidos como berço do empreendedorismo, como Itália, Espanha e Canadá.

Motivos de celebração? Certamente que sim, mas não podemos permitir que estes fatos nos deixem cegos e acomodados. Ainda temos muito a avançar, principalmente se quisermos figurar como vencedores da crise que joga seus tentáculos sobre todos do globo, estejamos preparados ou não.

Num mundo globalizado, integrado e interconectado não podemos mais nos fazer de vítimas da recessão. É hora de mostrar que o Brasil, que passou pelo pior da crise em 2008 com louvor, pode ser exemplo de conduta diante dos grandes tsunamis econômicos.

> ***"No Brasil, avançamos sobremaneira com a implementação da Lei Geral das Micro e Pequenas Empresas, que desburocratiza e desonera o dia a dia dos pequenos negócios"***

Para isso acontecer, precisamos que governos, empresas e sindicatos patronais e dos trabalhadores deixem de lado suas divergências ideológicas e concentrem-se no fortalecimento da economia; afinal, crescemos mais e melhor quando todos crescem.

Não há motivo para continuar com as raízes presas a modelos e fórmulas que são descabidos diante de novos cenários e tendências que se avizinham.

É hora de buscar novas maneiras de agir e de conduzir o processo de desenvolvimento sustentável. É hora de inovar.

Simplificar os marcos regulatórios deve ser uma ação imediata. O Brasil, ainda hoje, é um dos países com maior cipoal burocrático do mundo, fator que o impede de figurar entre as nações mais desenvolvidas do planeta.

Amostra disto é o resultado do Brasil no recente estudo do Banco Mundial realizado junto a 183 economias – *Doing Business: Fazendo Negócios num Mundo mais Transparente* –, que mostra que caímos seis pontos no ranking, saindo da não tão confortável 120ª posição, em 2010, para a 126ª, em 2011, como país mais fácil de se fazer negócios. Os campeões desta edição foram Cingapura, Hong Kong, China, Nova Zelândia, Estados Unidos e Dinamarca. Neles, as pequenas e médias empresas foram beneficiadas por 245 reformas regulatórias no ambiente de negócios, um aumento de 13% com relação ao registrado em 2010.

No Brasil, avançamos sobremaneira com a implementação da Lei Geral das Micro e Pequenas Empresas, que desburocratiza e desonera o dia a dia dos pequenos negócios, mas ainda não foi o suficiente para estarmos entre os 10 melhores países para a abertura de um negócio.

Em 2012, o sistema Sebrae continuará direcionando seus esforços e recursos para combater os entraves que ainda impedem o real crescimento das mais de 5,5 milhões de micro e pequenas empresas instaladas nos quatro cantos do País, responsáveis por gerar dois terços do total de ocupações do setor privado e 20% do PIB.

Vamos buscar soluções para aprimorar ainda mais o Simples Nacional, fazendo com que o regime tributário diferenciado chegue à totalidade dos 99% de pequenos negócios presentes na economia brasileira.

Também iniciaremos uma campanha para reestruturação da legislação trabalhista aplicada a estes negócios, reavaliando os atuais encargos para os responsáveis por 50% dos empregos com carteira assinada e 40% da massa salarial.

Acreditamos que esses empreendimentos, essenciais à "saúde econômica" de qualquer Nação, podem e vão fazer mais, basta não terem tantas amarras que atravancam seu fortalecimento. Isto sem falar nas possibilidades de cidadania empresarial para um contingente de quase 11 milhões de empreendedores que estão na degradante posição de informais.

Além de sugerir e articular novas e eficientes políticas públicas para este segmento, estamos prontos para levar o melhor conhecimento em gestão empresarial a fim de melhorar a competitividade dos empresários já estabelecidos e de futuros empreendedores,

Porque a base de um País sólido e rico é a inclusão de todos que querem contribuir (e a maioria dos brasileiros quer).

Um por todos, todos por um

2012

Entre dezembro de 2000 e dezembro de 2011, as micro e pequenas empresas (MPEs) geraram mais de 7 milhões de empregos com carteira assinada, saltando de 8,6 milhões para 15,6 milhões, ou seja, são responsáveis por 52% do total de pessoal ocupado e 40% da massa salarial.

E um levantamento do Sebrae com base nos dados do Caged mostra que as MPEs geraram 891,7 mil novos empregos em 2012, enquanto as médias e grandes fecharam o ano com saldo negativo de 23,4 mil postos de trabalho. Nesse cenário, os postos abertos pelos pequenos negócios representaram mais de 100% do saldo líquido de empregos gerados no Brasil em 2012.

Maiores empregadores nos últimos anos, os pequenos negócios passaram a encarar um desafio que, há tempos, as médias e grandes empresas têm que superar: como atrair, reter e gerenciar os talentos necessários para garantir uma equipe de sucesso.

Sim, apesar de muitos ainda acharem que o maior ativo de suas empresas são os equipamentos de última geração e os investimentos em inovação, tecnologia e estratégias *up to date*, a verdadeira mola propulsora de qualquer empreendimento é cada membro da equipe. Afinal, é na pessoa que está o conhecimento, a vontade, a paixão, requisitos básicos para o sucesso de qualquer empreendimento.

> **"Maiores empregadores nos últimos anos, os pequenos negócios passaram a encarar um desafio: atrair, reter e gerenciar talentos para garantir uma equipe de sucesso"**

Estamos num momento em que a velocidade das mudanças corporativas é cada vez mais intensa e o cenário da população ativa ainda é mais diverso. E a área de gestão de pessoas tem que acompanhar estas transformações no mesmo ritmo, a fim de garantir as condições necessárias para que a empresa se torne ou permaneça no mercado com reais chances de sobrevivência e expansão.

O melhor caminho? Valorizar cada vez mais o conhecimento e o fator humano nas organizações. As pessoas são agora vantagem competitiva, parceiros na execução dos objetivos da organização.

Dentre todas, quero destacar uma que, ao longo de minha vida empresarial, vem se mostrando vital nesta trajetória de valorização do fator humano: a participação efetiva do dono do empreendimento na função de gerenciar pessoas. Trata-se de um processo contínuo de aprendizado e que exige do líder o envolvimento de corpo e alma, o arregaçar de mangas, absorvendo as transformações no ritmo necessário e respondendo com agilidade, sem perder de vista os resultados finais da empresa.

O sonho de ter uma empresa pode ter nascido apenas do desejo de uma pessoa. Porém, para realizá-lo com sucesso é preciso ter a habilidade de unir pessoas na mesma paixão, "contagiando" a vontade deles de transformar o querer em realidade.

Por isso é fundamental que o líder transmita, de maneira verdadeira e clara, aos seus colaboradores a importância de cada um nesta grande engrenagem. Isto vai além dos resultados numéricos. É o líder o maior gestor de pessoas. Ele deve impulsionar a autorrealização e a satisfação das pessoas, garantir a qualidade de vida no trabalho, administrar e impulsionar mudanças e manter políticas éticas e de comportamento socialmente responsável.

Tudo isto de maneira vibrante, apaixonante e motivadora. Algo que os verdadeiros líderes são capazes de fazer.

Investimento de qualidade para gerar crescimento sustentável

2013

O mais recente estudo Global Entrepreneurship Monitor (GEM), que mede a taxa de atividade empreendedora em 69 países, mostra que no Brasil 43,5% dos brasileiros desejam ter o próprio negócio (contra 24,7% que querem fazer carreira em empresas).

O estudo, que no Brasil é realizado pelo Sebrae, em parceria com o Instituto Brasileiro da Qualidade e Produtividade (IBQP), apontou ainda que 30,2% da população adulta (entre 18 e 64 anos) estava envolvida na criação ou administração de um negócio, contra um índice de 20,9% em 2002, um crescimento expressivo de 44%.

No Brasil existem quase 9 milhões de pessoas com o próprio negócio, sendo 6,1 milhões de pequenos negócios no Brasil e 2,6 milhões de empreendedores individuais (EIs) - o Estado de São Paulo abriga um terço deste total de empreendimentos. Eles são responsáveis por 20% do Produto Interno Bruto, 52% do saldo de empregos formais, 70% das novas vagas geradas por mês e 40% da massa salarial.

E para corroborar a importância do empreendedorismo no crescimento econômico sustentável, somente no Estado de São Paulo, 1,5 milhão de micro e pequenas empresas (MPEs) do comércio, da indústria e de serviços faturaram R$ 500 bilhões em 2012, um crescimento da receita real de 8,1% na comparação com os resultados de 2011.

Nos últimos anos, tivemos um avanço significativo na regulamentação e implementação do Estatuto Nacional das Microempresas e Empresas de Pequeno Porte, mais conhecido como a Lei Geral das Micro e Pequenas Empresas, sancionada em 2006. Somente no Estado de São Paulo, 80% do total das MPEs já têm garantidos os benefícios do tripé de sustentação da Lei: desburocratização, desoneração tributária (por meio do Simples Nacional) e o estímulo ao desenvolvimento (através de apoio à inovação e ao crédito).

A partir de 2007 e até o ano passado, com sua efetiva implementação, a Lei Geral garantiu um salto de 455% na arrecadação da União, dos Estados e dos Municípios, somando R$ 183,5 bilhões aos cofres públicos.

Com base nestes resultados, podemos dizer que o Simples Nacional se mostrou prova incontestável de que a mudança é possível e que gera dividendos para todos. Trata-se do embrião da tão almejada reforma tributária.

Nossos empresários estão mais bem preparados: de acordo com pesquisa do Sebrae-SP, 83% dos proprietários das empresas recém-constituídas têm pelo menos o ensino médio, 78% declararam que abriram a empresa porque encontraram uma oportunidade de negócio e 36% participaram de algum tipo de curso com alguma relação com gestão empresarial.

E nos procuram mais. Em 2012, esperávamos atender cerca de 350 mil empresas e 122 mil empreendedores individuais. Encerramos o ano com atendimento de 427,56 mil e 261,7 mil, respectivamente.

> ***"Precisamos avançar e aprimorar as políticas públicas de apoio ao setor produtivo, desatando os nós da burocracia, da tributação, do financiamento e do acesso às exportações"***

Diante deste quadro, o que esta parcela significativa do sistema produtivo brasileiro pode esperar para o segundo semestre de 2013?

Pesquisa do Sebrae-SP que mede as expectativas dos donos das pequenas empresas com relação ao faturamento e à economia mostra que aguardam estabilidade quanto ao faturamento (54%) e no nível da atividade econômica (56%) para os próximos seis meses.

Entretanto, existem alguns riscos para o cenário acima que precisam ser monitorados de perto, como a incerteza quanto à evolução de várias economias mundiais relevantes, particularmente da Europa (com ênfase nos países da Zona do Euro), e a inflação que, como já falamos, tem se mostrado resistente à baixa. Caso este quadro permaneça, o consumo das famílias poderá ser fortemente afetado, impactando diretamente nas vendas das MPEs, que são dependentes, em sua imensa maioria, do mercado interno.

Outro fator interno que deve ser levado em conta é o dos investimentos. Ainda há incertezas quanto à intensidade da reação diante das medidas de estímulo adotadas. Os resultados dos pacotes direcionados à ampliação do consumo já mostraram que não surtem mais os efeitos desejados.

Se queremos crescer, e crescer a longo prazo e de forma sustentável, só há uma alternativa viável: é preciso investir de maneira firme, decidida e sem soluços, criando uma relação de confiança entre os investidores. A evolução da taxa do PIB depende diretamente da capacidade do governo de convencer o setor privado – nacional e internacional – a fazer investimentos.

Além disso, precisamos avançar e aprimorar as políticas públicas de apoio ao setor produtivo, em especial das micro e pequenas empresas, desatando os nós da burocracia, da tributação, do financiamento e do acesso às exportações.

À frente do Conselho Deliberativo do Sebrae-SP, queremos continuar fazendo nossa parte e utilizar as lições aprendidas para dar mais um salto significativo no efetivo apoio aos pequenos negócios.

Nos próximos dois anos, nossos esforços, conhecimentos e recursos estarão voltados para o aprimoramento do Simples Nacional, ampliando as faixas de faturamento, calibrando o Regime da Substituição Tributária e trabalhando pelo acesso de novas categorias econômicas ao Regime Tributário Diferenciado.

SIMPLES para Todos

2013

No Brasil de hoje, cerca de 7 milhões de pequenos negócios pagam impostos, taxas e tributos de acordo com seu fôlego, por meio do Simples Nacional - em São Paulo são quase 2 milhões. São 5,5 milhões a mais de empreendimentos beneficiados que em julho de 2007, quando o regime tributário diferenciado entrou em vigor.

Na média houve uma redução tributária de 75% dos encargos incidentes sobre as pequenas empresas. E em 2015, dez milhões de empreendedores devem usufruir destes benefícios.

Contrariando o que os pessimistas de plantão profetizaram quando começamos o movimento em prol da simplificação tributária, a arrecadação aumentou em mais de 300%, desde julho de 2007. Para se ter a dimensão deste incremento, no período mencionado, a soma da arrecadação da União, dos Estados e dos Municípios foi de R$ 8,3 bilhões, em outubro de 2011, este valor foi de R$ 34 bilhões e, segundo dados da Receita Federal, no período de janeiro a julho de 2012, já se computou um aumento de 9,75% do valor arrecadado das empresas optantes pelo Simples Nacional, em comparação ao mesmo período do ano passado. Trata-se de prova contundente de que, ao tratar os milhões de homens e mulheres que optaram pelo caminho do empreender de acordo com seu porte e fôlego, toda a sociedade ganha.

> ***"Quando a sociedade tem certeza do que quer e precisa, se organiza e trabalha junto com seus representantes da esfera pública, não há obstáculos que não possam ser removidos"***

Sabemos que os números são expressivos; porém, acreditamos que o processo de criação e implementação do Simples Nacional trouxe um ganho muito mais significativo: a sociedade entendeu que não há milagres quando se fala em reformas estruturais; é vital que todos os elos desta cadeia participem ativamente, levando seus conhecimentos, suas necessidades, suas vontades de construir.

Quando a sociedade tem certeza do que quer e precisa, se organiza e trabalha junto com seus representantes da esfera pública, não há obstáculos que não possam ser removidos.

Ao comemorarmos as vitórias em prol de um ambiente empreendedor mais saudável e propício à criação, ao fortalecimento e à consolidação dos empreendimentos de pequeno porte, queremos utilizar as lições aprendidas até então para dar mais um salto significativo no efetivo apoio aos pequenos negócios.

É chegada a hora de avançarmos a passos ainda mais largos no respeito à capacidade contributiva dos empreendimentos de pequeno porte. É o momento de a sociedade organizar-se novamente e aprimorar os direitos de tratamento diferenciado que são garantidos pela Constituição Federal.

Nos próximos dois anos, nossos esforços, conhecimentos e recursos estarão voltados para o aprimoramento do Simples Nacional, o Simples para Todos.

Para garantir que o tratamento diferenciado chegue de maneira mais contundente a outros âmbitos da gestão da pequena empresa, vamos trabalhar firmemente para obter as mudanças essenciais na legislação trabalhista, que envolvem a revisão e a adoção de formas modernas de contratação de empregados, a regulamentação da figura da terceirização de mão de obra, tão importante para as pequenas empresas, e a flexibilização legal das formas de pagamento dos benefícios trabalhistas aos empregados das micro e pequenas empresas, respeitando a vontade das partes e a realidade dos pequenos negócios.

Desta forma, no final de 2014 teremos não só números ainda mais positivos; teremos feito do Estado de São Paulo e do Brasil um dos melhores lugares para aqueles que escolheram o ato de empreender como a melhor forma de realização pessoal e profissional. Teremos, enfim, uma Nação voltada para o ciclo virtuoso do crescimento.

A escola do futuro

2013

O vibrante processo das transformações, impulsionado pelos avanços tecnológicos, pela conectividade e pela velocidade das informações, redesenhou o mundo em diversos aspectos e pautou a nova organização do trabalho em todos os ramos de atividade. A principal mudança é que o homem deixa de ser fator de produção e passa a ser gerador e multiplicador de conhecimento.

Por isso, o modelo lapidado no último século, em que o símbolo da felicidade e da realização pessoal e profissional era o bom emprego com carteira assinada, esgotou-se e abriu espaço para um novo modo de relacionar-se com o mundo corporativo.

Cenário perfeito para o desenvolvimento da cultura empreendedora. E os números mostram que esta semente está gerando bons frutos.

O Brasil é hoje o terceiro país em número de empreendedores, com 27 milhões de pessoas com um negócio próprio ou envolvido na criação de uma empresa, sendo que 15 milhões estão em novos negócios (até 3 anos e meio). Fica atrás apenas da China, com 373,5 milhões de empreendedores (naturalmente *hors-concours*) e Estados Unidos, com 41,3 milhões de pessoas.

> ***"Queremos milhares de crianças, jovens e adultos mais criativos, críticos, aptos a desenvolver ideias e projetos e fazer acontecer"***

Este é o resultado mais recente do estudo Global Entrepreneurship Monitor (GEM), realizado em quase 60 países, sob a coordenação do Babson College e London Business School, e aqui no Brasil com apoio do Sebrae.

Quando se fala em negócios constituídos formalmente, o Brasil abriga 7 milhões de pequenos negócios e empreendimentos individuais (EIs), responsáveis pela geração de 67% dos empregos (cerca de 21 milhões), 40% da massa salarial e 20% do Produto Interno Bruto (PIB).

O panorama seria perfeito não fosse a qualidade do empreendedorismo praticado aqui. Ainda temos um estoque considerável de empreendedores que iniciaram o negócio com base na necessidade, ou seja, não foi pensado, planejado, estruturado previamente.

As consequências são produtos e serviços de baixo valor agregado por falta de incorporação de inovações em processos e equipamentos, pouco acesso ao crédito e gestão ineficiente, que, por sua vez, impactam nos já altos índices de mortalidade (58% em cinco anos de atividade) e de informalidade (para cada empreendimento formal, existem dois informais).

O descompasso com a velocidade deste acelerado século XXI também é evidenciado em outra pesquisa do IBGE, em parceria com Endeavor Brasil. Existem hoje no Brasil pouco mais de 30 mil empresas de alto impacto - aquelas que têm crescimento exponencial, empregam cada vez mais gente, inovam intensamente seus processos, produtos ou serviços, sem se acomodar.

São empreendimentos que começam pequenos, mas pensam grande e muito além do horizonte – cerca de 50% das empresas de alto crescimento eram pequenas em 2005. Após três anos, quase 36,5% tornaram-se médias e 1,3% ficaram gigantes, empregando 250 ou mais funcionários.

Este número representa 1,7% do total das empresas formalmente registradas. E destas, especialistas garantem, poucas ainda têm maturidade suficiente para abrir capital.

Definitivamente, os dados comprovam que os brasileiros já têm inoculado em seu DNA o ato de empreender. Para que isso se reverta em bônus ao processo de desenvolvimento sustentável de sua região e País, de forma perene e sustentável, é chegada a hora de darmos um verdadeiro salto quântico, que transforme a promessa de um Brasil verdadeiramente empreendedor em realidade palpável.

Temos um grande desafio pela frente, que exige soluções rápidas e inovadoras, seja no aprimoramento de nosso arcabouço legal, que ainda guarda memória do modelo organizacional da economia do século XIX, seja no investimento de tempo e recursos humanos e financeiros na disseminação da cultura empreendedora.

Já temos uma parte do caminho pavimentado: desde 2006, com a aprovação da Lei Geral da Microempresa, que liberou parte das amarras burocráticas e tributárias que impedem a aceleração rumo ao sucesso pleno, gerando emprego e renda. Ou seja, não será preciso inventar a roda. Já temos a lei que garante o tratamento diferenciado nos campos tributário, creditício, legal, bem como o acesso à tecnologia a estes empreendimentos. Basta tirá-la do papel e colocá-la em prática, aperfeiçoando os mecanismos de acordo com a realidade apresentada.

É preciso garantir meios para a preservação e a ascensão do empresário. Por exemplo, na área tributária, faz-se necessário ampliar o número de faixas de contribuição, fazendo um escalonamento que garanta a plena cidadania empresarial.

No campo do desenvolvimento e consolidação da cultura empreendedora, raiz mestra da atuação do Sistema Sebrae, também temos ótimas notícias. Há vários anos nossa equipe de especialistas pensa, desenvolve e implanta soluções para disseminar os novos saberes necessários a esta nova realidade.

Estamos educando as futuras gerações de empreendedores desde 2002, com a implantação do Jovens Empreendedores Primeiros Passos (JEPP), programa que plantou sementes de uma radical transformação do sistema educacional paulista, e agora avança para todo o território nacional com o objetivo de enraizar o empreendedorismo em centenas de milhares de crianças e jovens das redes pública e privada do Brasil.

Vamos avançar ainda mais. Queremos centenas de milhares de crianças, jovens e adultos mais criativos, críticos, aptos a desenvolver ideias e projetos e fazer acontecer. Queremos empreendedores protagonistas do seu aprendizado e de suas realizações.

Por isso, em fevereiro de 2014 começa a ser implementada a Rede Escola de Negócios em todo o Estado de São Paulo, por meio da parceria com o Centro Paula Souza, aliando o que há de mais avançando no mundo da pedagogia – jogos, simulação, tutoria de empresários – com o conhecimento desta rede que há mais de 40 anos leva o melhor do ensino técnico aos jovens paulistas, e com a expertise do corpo de consultores especialistas do Sebrae-SP.

A verdadeira escola do futuro, que vai estimular o protagonismo da aprendizagem dentro e fora das salas de aula. A sede funcionará na cidade de São Paulo, que também abrigará uma incubadora de projetos, preferencialmente *start ups*.

Queremos que os milhares de alunos que passarão pelas 34 unidades respirem e inspirem novos conhecimentos, que aprendam a empreender na prática, e ajudem São Paulo e o Brasil a construir o tecido de uma sociedade do conhecimento: a rede formada por pessoas com capacidade de acompanhar o ritmo da evolução do nosso mundo tão veloz, com criatividade para inovar sempre e para realizar, ou seja, empreender, gerar empregos, renda e desenvolvimento.

O que o futuro reserva aos pequenos?

2014

"Os dogmas do passado tranquilo são inadequados para o presente tempestuoso." O autor desta frase não é nosso contemporâneo; trata-se do 16º presidente dos Estados Unidos, Abraham Lincoln, um visionário. No século retrasado, ele já nos convidava a olhar atentamente para o futuro, a fim de melhor preparar o presente.

Isto vale para todos nós, sobretudo para os empreendedores que pretendem ser mais competitivos. Recente estudo encomendado pelo Sebrae-SP a LCA Consultores – Cenários e Perspectivas para os Pequenos Negócios 2015-2018 – ajuda a focar no que está por vir.

A análise dos especialistas mostra que está chegando ao fim o *boom* que vivemos nos últimos anos, responsável pela incorporação de 50 milhões de brasileiros à classe média e por movimentar bilhões de reais no mercado interno.

Aprendemos lições importantes, mas chegou a hora de outras fontes de crescimento de nossa economia nos próximos cinco anos. É bom saber que não vamos deixar de crescer; só o ritmo será diferenciado. Isto por conta de maior endividamento das pessoas, índice mais baixo de pessoal ocupado e, consequentemente, renda familiar crescendo menos, aliado à menor confiança dos empresários (pelo menos até meados de 2016), ao ajuste fiscal e aos esforços para trazer a inflação para o centro da meta (o estudo projetou IPCA de 5,6% em 2018).

> ***"Qual a receita que dá certo? Empreendimentos mais competitivos e ambiente favorável à consolidação do setor produtivo"***

Essa mudança de cenário vai impactar fortemente os diversos setores do sistema produtivo. A previsão para a indústria é de crescimento moderado, mas sustentado no longo prazo, saindo de 1,2% em 2013, para 3,2% em 2018. Para o comércio projeta-se bom ritmo de crescimento de vendas, vendas, porém inferior aos 7,9% de 2012, uma vez que não existe demanda reprimida tão alta e as condições de crédito para o consumo estarão menos favoráveis. Já o setor de serviços vai ter uma aceleração progressiva a partir de meados de 2015. O Produto Interno Bruto (PIB) dos serviços deve dobrar até 2018, passando dos atuais 1,5% para 3,1%.

Neste estudo, um dos segmentos com crescimento mais expressivo – tanto no comércio como em serviços – é o de alimentos e bebidas. No varejo o crescimento anual deve ficar em torno de 3%.

Sabemos que neste segmento de atividade há expressiva presença dos pequenos negócios. No estado de São Paulo, os serviços de alimentação somam 145 mil estabelecimentos, e o comércio de alimentos, outras 100 mil empresas. É hora, portanto, de os empreendimentos de pequeno porte se adequarem a esta nova realidade e começarem a escrever os próximos capítulos de sua história.

Sabemos que os esforços das mais de 6 milhões de pequenas empresas surtirão efeito mais consistente se encontrarem um ambiente menos perverso para o crescimento. Por isso, continuaremos nosso esforço de convencer os gestores públicos, dos municípios, do Estado e da Federação, a aprimorar também o ambiente para o livre empreender, com menos burocracia, menos tributos, mais acesso ao crédito e à inovação.

Porque acreditamos que esta é uma receita que dá certo – empreendimentos mais competitivos e ambiente favorável à consolidação do setor produtivo – em qualquer tempo e lugar.

Inovar é preciso; educar também

2014

Interconectividade, mobilidade, velocidade. Estamos no auge das descobertas tecnológicas, certo? Especialistas afirmam que ainda não, pois estamos prestes a testemunhar um ponto de virada, com inovações realmente revolucionárias, advindas de campos como nanotecnologia e inteligência artificial.

Mais uma confirmação de que vivemos um período de intensas e vibrantes transformações: o que conhecemos hoje, amanhã já estará modificado, impactando profundamente a maneira com que assimilamos o dia a dia deste admirável e complexo mundo novo.

Projetar o futuro e planejar nossas ações e estratégias torna-se, portanto, um enorme desafio, no campo pessoal, profissional, empresarial ou governamental.

Esta não é uma tarefa fácil. Não basta copiar experiências exitosas. É preciso compreender os novos fatos, fazer as conexões e correlações de fatos distintos.

Ou seja, apesar do alto nível de robotização de variados processos produtivos – que vão da indústria ao varejo –, o futuro não prescinde de características que só os humanos têm: o olhar e a emoção, o contato verdadeiro, fatores determinantes nos processos de compreensão do que nos cerca, assimilação do novo e construção de soluções que resultem em competitividade.

> **"Projetar o futuro e nossas ações e estratégias é um enorme desafio, no campo pessoal, profissional, empresarial ou governamental"**

E é neste ponto que se instaurou uma grande encruzilhada, em vários campos das relações sociais; aqui vamos nos ater ao campo corporativo: como conviver com inovações em processos e produtos cada vez mais instantâneos e com normas, métodos e regulamentações que não conseguem acompanhar a velocidade do mundo conectado, veloz e global.

Se quisermos que os empreendimentos sejam capazes de dar saltos tão espetaculares quanto os das inovações e continuarem relevantes no mercado, é preciso fazer com que o passado saia do campo da lembrança e sirva como referência para que o índice de erros seja bem menor; ou seja, faz-se necessário alterar a perspectiva e a lógica dos nossos modelos de negócios, assim como o ambiente em que estão inseridos. Temos que aprender com o passado, mas não podemos ficar atados a ele.

Já fizemos isto em outras épocas, quando da entrada dos teares semi automatizados, do motor elétrico, do telefone, da prensa, entre tantas outras inovações impactantes em nossa sociedade. Estas mudanças, tidas como radicais à época, não só alargaram horizontes, como geraram novidades nos campos do trabalho, das relações sociais, dos empreendimentos. E a dobradinha educação e ambiente legal propícios são duas das melhores ferramentas para atingir esse objetivo.

Precisamos, como bem alerta o professor doutor José Pastore, de uma legislação que regule, sem atravancar, o novo jeito de trabalhar – na empresa, em casa, na sala de embarque do aeroporto, na filial do outro lado do mundo, fixo ou terceirizado, horário do expediente ou numa jornada atípica.

E também faz-se necessário um novo jeito de aprender, de capacitar-se para as novidades. É preciso renovar a rede de ensino, especializando-a em realizar, em empreender.

O Sebrae-SP deu o seu salto ao decidir investir no aprimoramento daquilo que é o diferencial de nossa sociedade contemporânea: gente. Criamos no início deste ano a Escola de Negócios Sebrae-SP, em parceria com o governo paulista, em que ajudamos a formar adolescentes, jovens e adultos mais criativos, críticos, aptos a desenvolver ideias, fazer conexões, implementar projetos, ou seja, fazer acontecer.

É a primeira unidade de uma rede de escolas de empreendedorismo, a verdadeira escola do futuro, que vai estimular o protagonismo da aprendizagem dentro e fora das salas de aula. A sede funciona na cidade de São Paulo, conta com 500 alunos pioneiros e também abriga uma incubadora de projetos, preferencialmente *start-ups*, um observatório das tendências nacionais e internacionais do tema empreendedorismo e será a casa de biblioteca virtual sobre gestão.

Estamos no caminho certo? Pela concorrência acirrada para conquistar o direito de estudar na escola do futuro (30 pessoas disputando uma vaga) e os convites que recebemos para explicar a nova metodologia, podemos afirmar que sim, encontramos uma forma de acompanhar o ritmo da evolução do nosso mundo tão veloz; mais, estamos dando nossa contribuição para que o Brasil dê saltos gigantescos rumo ao novo futuro e se destaque como protagonista na promoção das inovações revolucionárias. O admirável mundo novo também está sendo forjado aqui.

Desafio: preparar o Brasil para competir

2014

É inegável que pequenos negócios e cultura empreendedora fortes são elementos vitais para o equilíbrio socioeconômico de toda e qualquer Nação. Aqui no Brasil, este reconhecimento foi consolidado nos últimos anos. Afinal são quase 10 milhões de micro e pequenas empresas, que empregam 20 milhões de pessoas e geram quase 30% do PIB.

Este marco deu-se muito por causa do esforço realizado nos últimos anos para simplificar e desonerar o dia a dia de milhões de homens e mulheres que escolheram o caminho do livre empreender.

Os indicadores mostram os resultados: em cinco anos o número de empreendedores individuais (MEIs) saltou de 490 mil para 4,3 milhões; o de pequenos negócios de 2,9 milhões para 4,2 milhões. E em 10 anos, o número de pessoas ocupadas nestes negócios passou de 6 milhões para 16 milhões.

Entretanto, ainda amargamos altos índices de mortalidade empresarial (27% no primeiro ano de atividade e 58% em cinco anos). Mais que o encerramento prematuro de empresas, este processo retira de circulação, por ano, R$ 20 bilhões e deixa de gerar 350 mil de postos de trabalho, somente no estado de São Paulo.

> ***"O maior impeditivo para o crescimento sustentável e sua solução passa pela sincronização da realidade – globalizada, veloz e tecnológica – e os marcos regulatórios"***

É hora de mudar definitivamente este quadro. Estamos prestes a iniciar uma nova etapa política no Brasil, com a posse dos governantes e parlamentares eleitos em outubro último. A grande maioria comprometeu-se a continuar este movimento em prol do empreendedorismo, eliminando os obstáculos que ainda se constituem na grande amarra para o crescimento desta importante fatia do sistema produtivo privado.

Será o prenúncio de uma vitória inigualável se este desejo converter-se em medidas reais que combatam efetivamente a burocracia, hoje infiltrada nas áreas tributária, financeira-creditícia, relações do trabalho, entre tantas outras.

Acreditamos que este é, hoje, o maior impeditivo para o crescimento sustentável e sua solução passa pela sincronização da realidade – globalizada, veloz e tecnológica – e os marcos regulatórios. Enquanto as Nações se tornam grandes corporações que lutam com afinco por participação no mercado, nossa legislação insiste em excessos que nos imobilizam e impedem a competitividade.

A boa nova é que não precisaremos começar do zero nesta empreitada. Nos últimos 10 anos, a implementação da Lei Geral das Micro e Pequenas Empresas, garantiu a inclusão de 7 milhões de empreendimentos no regime diferenciado, com redução em até 40% no valor dos impostos e incremento da arrecadação de impostos federais, estaduais e municipais, que passou de R$ 46,5 bilhões em 2012, para R$ 60 bilhões (projeção) neste ano.

Entretanto, ainda não foram suficientes para incluir o Brasil no ranking das Nações em que o ato de empreender é realmente livre e produtivo, como Cingapura, Estados Unidos, Nova Zelândia, Chile, segundo dados da pesquisa do Banco Mundial, Doing Business 2014. O Brasil ficou em 116º lugar na classificação sobre a facilidade de realização de negócios.

Como estar (e permanecer) entre os melhores? Uma rápida análise dos primeiros desse ranking mostra que as estruturas públicas – legislativa e executiva – investiram fortemente em eficiência e produtividade, tendo como base a educação de qualidade, o acesso à inovação e a garantia ao livre empreender. Ou seja, sem estes requisitos, dificilmente poderemos concorrer com os países que já entenderam e se prepararam para competir sob novas regras.

Nós do Sebrae continuamos a postos para contribuir com ideias, soluções e ações que garantam o futuro competitivo do empreendedorismo. Nossa missão é garantir aos pequenos negócios ferramentas em gestão que permitam a melhor adaptação a esta nova realidade criada pela interconectividade, mobilidade e velocidade.

Nos últimos quatro anos investimos na expansão e qualificação de nossa rede de orientação e capacitação – presencial e virtual, com atendimento a milhões de empreendimentos e futuros empreendedores. Além disso, entrou em atividade no início deste ano a Escola de Negócios Sebrae-SP, a primeira escola gratuita de empreendedorismo e negócios no Brasil. Ali estamos ajudando a formar adolescentes, jovens e adultos mais criativos, críticos, aptos a desenvolver ideias, fazer conexões, implementar projetos, ou seja, fazer acontecer, empreender.

Queremos expandir este modelo para todo o Estado, formando uma rede de educação empreendedora. É nossa forma de prover melhores alternativas de realização pessoal e profissional a milhares de jovens.

Além disso, continuaremos nosso esforço de convencer os gestores públicos a implementar a Lei Geral das Pequenas Empresas, além de sempre buscar o aprimoramento do Simples Nacional, com ampliação das faixas de faturamento, e a promoção das mudanças essenciais na legislação trabalhista, que envolvem a revisão e a adoção de formas modernas de contratação de empregados, respeitando a vontade das partes e a realidade dos pequenos negócios.

Ao dar nossa contribuição para que o Brasil dê saltos gigantescos rumo ao futuro e, destaque-se, como protagonista, desejamos que os governantes e legisladores que ora assumem seus cargos também ajudem a forjar nosso caminho rumo a este admirável mundo novo.

De olhos bem abertos

2014

Sempre me perguntam o que fazer para uma empresa ter sucesso. Qual a receita mágica? Com meus 50 e poucos anos à frente de diversos negócios, tenho de confessar que ainda não consegui fechar totalmente esta equação, mas minha trajetória me diz que amor pelo que faz é um ingrediente essencial.

Afinal, quando temos paixão por algo (ou alguém), nossos esforços, dedicação, conhecimento e vontade de fazer certo estão em primeiro lugar, independentemente do alvo, seja uma pessoa, seja uma microempresa que funciona em casa, seja uma grande planta industrial.

É lógico que planejamento, controle e gestão das finanças, investimentos em marketing e tecnologia são necessários. Entretanto, antes de dominar estas ferramentas, é preciso focar em cinco pontos comportamentais que acredito ser primordiais para os que decidem empreender:

- Definir o que você realmente quer e para que propósito.
- Ter respeito por seus clientes, fornecedores, colaboradores e concorrentes.
- Estar aberto às novidades e aprender sempre.
- Ter humildade sempre.
- Ser um eterno insatisfeito.

Como alguns sabem, minha origem é humilde, perdi minha mãe muito cedo (4 anos) e fui morar com minha avó e seus 12 filhos. A convivência com dona Rosália, cega de um olho e analfabeta, foi um grande aprendizado. A garra desta senhora para suplantar as dificuldades, o amor à vida e o cultivo da simplicidade (sem ser simplória) são ensinamentos que trago em mim até hoje, inclusive na condução das empresas.

Eu nunca entrei num empreendimento para ficar rico, mas para construir algo que validasse minha vida e gerasse o respeito da minha família e dos meus amigos. Desta forma a gente trabalha feliz, mesmo que a jornada seja de 12, 15, 18 horas diárias, todos os sete dias da semana, sem direito a férias.

Comecei com uma joalheria, ramo que já conhecia bem, pois trabalhei com meu tio nesta atividade até os 30 anos. Foi lá que aprendi como encantar os clientes, como conquistar a confiança de cada um deles e como fazê-los voltar e comprar um bem que não é de primeira necessidade. Estes elos foram construídos de uma maneira tão sólida que, ao decidir ser o dono da minha própria joalheria, em 1970, meus clientes me patrocinaram.

Também foram meus clientes que me fizeram enxergar uma nova oportunidade de negócios: em 1973, parte da clientela não queria comprar joias, queria um carro novo. Vendo este nicho, entrei em sociedade com um colega e estou neste ramo até hoje, inclusive comercializando maquinário agrícola.

> ***"Eu nunca entrei num empreendimento para ficar rico, mas para construir algo que validasse minha vida e gerasse o respeito da minha família e dos meus amigos"***

Por isso não tenho receio de afirmar que a vida é um exercício permanente de aprendizagem. Os líderes que sempre figuram entre os melhores e maiores do mercado são aqueles que não se deixam levar pelo encanto do "bom ano" ou do "resultado positivo".

O empreendedor de sucesso está à frente do seu tempo, monitora o que está acontecendo à sua volta, participa de redes de contatos (com os avanços da tecnologia, esta tarefa está cada vez mais fácil), não tem medo ou vergonha de reconhecer sua ignorância e sempre busca capacitação e orientação. A faculdade da vida não fecha por nem um segundo e, a cada segundo, tem algo novo a nos ensinar. Basta que estejamos de olhos bem abertos.

E foi esta eterna insatisfação e o radar ligado que me levaram também a atuar em prol do trabalho associado, ajudando a criar e exercendo a direção em associações como a Abrave, a Associação Comercial de São Paulo, a Facesp e o Sebrae-SP.

E neste campo vale a mesma premissa que relatei acima: olhos bem atentos, porque o mundo hoje é totalmente diverso de duas décadas atrás. A experiência só serve quando ajuda a projetar o futuro e construir o presente. Faça hoje o que está planejando para o futuro.

Isto tudo pode parecer óbvio, mas às vezes custamos a entender que a obviedade encerra em si um poder imenso: o poder de construir o inusitado.

Para onde vamos?

2014

Não há como negar que vivemos um momento de profundas mudanças nos cenários social, econômico e político. Também podemos afirmar, sem medo de errar, que todos estes fatores se encontram profundamente entrelaçados, nos mais diversos níveis.

E como todo processo de transformação radical, temos ainda muito a aprender. Gostaria de me deter num ponto específico que, no meu entendimento, interfere, em diferentes medidas, no modo como estamos vivenciando estas alterações: nossa organização política partidária.

Deixando de lado paixões, emoções e intenções, e sob a luz da racionalidade, faz-se necessária uma séria reflexão. Os que me conhecem sabem que sou um democrata convicto, que acredita que é importante debater, discutir e chegar a um consenso para poder construir um País realmente soberano.

Entretanto, pergunto-me se temos ideologias tão distintas que precisam ter abrigo em 30, 40 ou mais partidos? Será que esquerda, direita e centro permitem tantas subdivisões que chegamos ao ponto de ouvir alguns representantes partidários afirmarem que não são de nenhum lado.

> ***"Ainda há tempo de buscar as melhores soluções para o Brasil. Para isso é preciso um desprendimento do qual somente os verdadeiros líderes são capazes"***

Como isso é possível? A própria definição de partido é "organização social espontânea que se fundamenta numa concepção política ou em interesses políticos e sociais comuns e que se propõe chegar ao poder". Ou ainda "associação de pessoas em torno dos mesmos ideais, interesses, objetivos, etc."

Resta-me a triste constatação de que, na maioria das vezes, estas pessoas esquecem o compromisso com seus eleitores e com o que defendem e representam.

E é em nome de uma fictícia pluralidade e da governabilidade que se abre caminho para todos os tipos de acordos, que só fazem reforçar ainda mais os engodos, advindos dos excessos de burocracia, da lentidão da justiça, dos leilões por verbas orçamentárias, entre outros desmandos.

Como disse no início, a interligação dos elos político, social e econômico é extremamente forte. Caso não se ajuste rapidamente esta visão míope, corremos o risco de colocar novamente o Brasil no cenário pernicioso do atraso, do subdesenvolvimento. Não podemos permitir que os esforços envidados por toda a sociedade para nos colocar entre as seis maiores economias do mundo sejam abortados de forma tão contundente e por motivos tão individuais e restritos.

Em pleno século XXI, a era dos mercados dinâmicos, da inovação e da informação, não podemos permitir o retrocesso. Pior, não podemos permitir que a solução mais adequada (e desejada) seja trilhar o caminho da mudança de regime, alterando o curso político do nosso país para a vertente autoritária, como temos visto exemplos em várias partes do mundo, próximas ou distantes do Brasil.

Os sinais já estão surgindo, mas ainda há tempo de buscar as melhores soluções para o Brasil e seus cidadãos. Para isso é preciso um desprendimento do qual somente os verdadeiros líderes são capazes.

Eles têm uma visão de longo alcance que visa ao bem comum, conseguem conciliar os direitos legítimos de todos aos interesses dos grupos que representam e, principalmente, não prescindem da obrigação de conhecer os anseios e as necessidades daqueles que os escolheram como representantes.

Sem abrir mão de suas convicções, acreditam que uma Nação forte, produtiva, empreendedora é mais importante que o partido e os interesses de poucos.

Para alguns isso pode soar utópico e até ingênuo. Mas acredito que o impossível pode se tornar possível. Acredito que ainda somos capazes de provocar uma reação, com igual força daqueles que querem criar novos partidos, e deixar de vez as soluções remendadas com as teias dos desmandos, da corrupção, da burocracia por um modelo de desenvolvimento realmente sustentável.

Viver plenamente

2014

Não se passa um dia em que não sejamos bombardeados com anúncios, reportagens, entrevistas – sempre em espaço nobre – sobre a importância de movimentar o corpo, as novidades em exercícios físicos e sobre como ter e prolongar uma vida saudável.

É inegável a eficácia dos exercícios físicos para ajudar a melhorar nossa expectativa de vida; entretanto, este resultado exige uma série de movimentos um pouco mais complexos, que requer que estejamos dispostos 24 horas por dia, durante sete dias da semana, 365 dias do ano. Talvez por isso, porque não promete milagres, tenha pouco espaço nos veículos de comunicação. Curioso? Trata-se da série "Amar a Vida".

Pode parecer óbvio demais, mas é na obviedade que encontramos grandes momentos de sabedoria. De que adianta um corpo 100% se não o utilizamos para alimentar a vida, este patrimônio maravilhoso que recebemos!

Sim, trata-se de uma prática permanente, extremamente árdua, repleta de prazeres e dissabores, mas que dá uma alegria sem precedentes quando se consegue superar os limites.

"Ao longo desta intensa jornada é quase certo que erros sejam cometidos. O que vale é levantar, olhar adiante e fazer o melhor uso do nosso livre-arbítrio"

Pelo meu nada curto tempo de vida, uma boa forma de garantir o melhor desempenho neste campo é começar aumentando o diálogo consigo mesmo, livre de mentiras (é melhor enfrentar rapidamente a dura verdade do que tardiamente uma teia de inverdades). Ao nos conhecermos melhor, mais facilmente conseguiremos atingir o ápice do exercício de amar a vida.

E assim como acontece quando obtemos os benefícios dos exercícios físicos e queremos que nossos familiares, amigos e colegas passem pela mesma experiência, o exercício de amar a vida também transborda e queremos contagiar nossos entes mais próximos com esta "conversa íntima".

Ao longo desta intensa jornada é quase certo que erros sejam cometidos, o que é perfeitamente normal, já que não existem seres humanos perfeitos. O que vale é levantar, olhar adiante e fazer o melhor uso do nosso livre-arbítrio.

Feliz vida!

Agradecimentos

O autor registra um agradecimento especial às pessoas que fazem parte da vida de Alencar Burti, preenchendo-a com muito amor e inspirando, diariamente, sua disposição para empreender e superar tantos desafios: a esposa Norma, os filhos Cecília, Marcelo, Paulo e Renata e os netos Beatriz, Helena, Isabel, João, Mariana, Paulo, Pedro e Rita.

Também agradece aos amigos, colegas de trajetória empresarial e companheiros de entidades classistas do biografado que, com os seus depoimentos, contribuíram para a realização deste livro: Abram Szajman, Alarico Assumpção Júnior, Antônio Delfim Netto, Eliane Auxiliadora dos Santos, Eros Grau, Fábio Meirelles, Flávio Meneghetti, Guilherme Campos, Ivan Hussni, José Pinus, José Renato Nalini, Lázaro Brandão, Mário Garnero, Nelson Boaventura Pacífico, Octávio Vallejo, Osório Furlan, Ozires Silva, Paulo Skaf, Romeu Chap Chap e Waldemar de Oliveira Verdi.

Referências

Livros e artigos acadêmicos

A Indústria Automobilística Nacional. Rio de Janeiro, s/d.. Disponível em: <www.maxwell.vrac.puc-rio.br/4821/4821_3.PDF>. Acesso em: 11 fev. 2016.

Anderson, Patrícia. *Câmaras setoriais:* histórico e acordos firmados – 1991/95. Rio de Janeiro, setembro de 1999. Repositório do Instituto de Pesquisas Econômicas da Universidade de São Paulo (IPEA). Disponível em: <www.ipea.gov.br/agencia/images/stories/PDFs/TDs/td_0667.pdf>. Acesso em: 11 fev. 2016.

Baumann, Renato. Befiex: efeitos internos de um incentivo à exportação. *Revista Brasileira de Economia*, abr./jun 1990. Repositório FGV de Periódicos e Revistas. Disponível em: <http://bibliotecadigital.fgv.br/ojs/index.php/rbe/article/view/448/6637>. Acesso em: 11 fev. 2016.

Cardoso, Celestino Alberto Bertanha. *O impacto do plano cruzado sobre a indústria automobilística.* Instituto de Economia da Universidade Estadual de Campinas. Biblioteca Digital da Unicamp. Disponível em: <www.bibliotecadigital.unicamp.br/document/?code=000298082>. Acesso em: 11 fev. 2016.

Cardoso, Eliana. *Da inércia à megainflação:* o Brasil nos anos 80. Abril de 1991. Repositório do Instituto de Pesquisas Econômicas da Universidade de São Paulo (IPEA). Disponível em: <http://repositorio.ipea.gov.br/bitstream/11058/3500/7/PPE_v21_n01_Inercia.pdf>. Acesso em: 11 fev. 2016.

Carvalho, Vinicius Dias de; Oliveira, Gilson Batista de. *A indústria automobilística brasileira em face a política cambial no período de 1997 a 2005:* um estudo comparativo entre Brasil e Argentina. FAE – Centro Universitário. Disponível em: <http://www.santacruz.br/v4/download/revista-academica/14/13-a-industria-automobilistica-brasileira.pdf>. Acesso em: 11 fev. 2016.

Cunha, Willian et al. *Evolução da Indústria Automobilística Brasileira.* Faculdade de Administração Economia e Ciências Contábeis. Universidade Federal de Mato Grosso: 2006. Disponível em: <www.administradores.com.br/producao-academica/evolucao-da-industria-automobilistica-brasileira/265/download>. Acesso em: 11 fev. 2016.

Davanzo, Marcelo Queiroz. *A especialização da indústria automobilísticabrasileira em modelos de pequeno porte.* Universidade Estadual de Campinas. Biblioteca Digital Unicamp. Disponível em: <http://webcache.googleusercontent.com/search?q=cache:jSQJ_aKyb50J:www.bibliotecadigital.unicamp.br/document/%3Fdown%3D000296301+&cd=1&hl=pt-BR&ct=clnk&gl=br>. Acesso em: 11 fev. 2016.

Fishlow, Albert. *A economia política do ajustamento brasileiro aos choque do petróleo:* uma nota sobre o período 1974/84. Universidade de Berkeley: 1986. Repositório do Instituto de Pesquisas Econômicas da Universidade de São Paulo (IPEA). Disponível em: <http://ppe.ipea.gov.br/index.php/ppe/article/viewFile/1019/958>. Acesso em: 11 fev. 2016.

Lima, Fernando Raphael Ferro de. Novo ciclo de expansão da indústria automobilística no Brasil. *Revista Análise Conjuntural*, v. 33, n. 9-10, set./out. 2011. Instituto Paranaense de Desenvolvimento Econômico e Social. Disponível em: <www.ipardes.pr.gov.br/biblioteca/docs/bol_33_5b.pdf>. Acesso em: 11 fev. 2016.

Motta, Paulo Cesar Delayti; Pinheiro, Ivan Antônio. *O regime automotivo brasileiro (rab) como instrumento de modernização tecnológica do parque industrial nacional* – uma análise crítica. Associação Brasileira de Engenharia de Produção. Disponível em: <www.abepro.org.br/biblioteca/ENEGEP2001_TR81_0042.pdf>. Acesso em: 11 fev. 2016.

Piccazio, Claudia. *São Paulo:* 110 anos de industrialização. São Paulo: Três Editorial, 1990.

Reale, Miguel. *Estrutura normativa da Lei n. 6.729 sobre concessões comerciais entre produtores e distribuidores de veículos automotivos terrestres.* Portal da Universidade de São Paulo. Disponível em: <www.revistas.usp.br/rfdusp/article/view/67329/69939>. Acesso em: 11 fev. 2016.

Vasconcelos, Nilton. *Política pública para a indústria automotiva brasileira na década de 90:* uma análise do seu processo de elaboração. Associação Nacional de Pós-Graduação e Pesquisa em Administração. Disponível em: <www.anpad.org.br/admin/pdf/enanpad2003-pop-1270.pdf>. Acesso em: 11 fev. 2016.

Relatórios corporativos e setoriais

ANFAVEA. Associação Nacional dos Fabricantes de Veículos Automotores. *Indústria Automobilística Brasileira – 50 anos.* Anfavea: São Paulo, 2006. Disponível em: <www.anfavea.com.br/50anos/8.pdf>. Acesso em: 1º dez. 2015.

Abrada. *25 anos* – A trajetória dos distribuidores Agrale. Documento histórico comemorativo dos 25 anos da Abrada. Caxias do Sul: Dinâmica Comunicação Empresarial. Disponível em: <www.abrada.com.br/abrada.pdf>. Acesso em: 1º dez. 2015.

Aravanis, Evangelia. *Os primórdios da indústria automobilística no Brasil:* o caso da "General Motors" (1924 a 1935). IV Encontro Estadual de História – Associação Nacional de História. Disponível em: <http://eeh2008.anpuh-rs.org.br/resources/content/anais/1211770922_

ARQUIVO_EvangeliaAravanis.pdf>. Acesso em: 1º dez. 2015.

Assunção, Paulo de. *Facesp 50 anos:* celebrar a história e construir o futuro. São Paulo: Diário do Comércio, 2013. Disponível em: <http://mkt.acspservicos.com.br//digital/livrofacesp/livro_facesp_50anos.pdf>. Acesso em: 1º dez. 2015

BRASIL. Ministério da Indústria, Comércio Exterior e Serviços. Setor de gemas e joias. Brasilia: s/d. Disponível em: <http://investimentos.mdic.gov.br/public/arquivo/arq1273166162.pdf>. Acesso em: 1º dez. 2015.

Relatório Técnico 56 – Perfil de Gemas (Diamante e gemas de cor). Ministério de Minas e Energia. Secretaria de Geologia, Mineração e Transformação Mineral. Disponível em: <www.jmendo.com.br/wp-content/uploads/2011/08/P30_RT56_Perfil_de_Gemas_xDiamante_e_Gemas_de_Corx.pdf>. Acesso em: 1º dez. 2015.

Henriques, Hécliton Santini; Soares, Marcelo Monteiro (coords.). *Políticas e ações para a cadeia produtiva de gemas e joias.* Instituto Brasileiro de Gemas e Metais Preciosos. Brasília: Brisa, 2005. Disponível em: <www.desenvolvimento.gov.br/arquivos/dwnl_1196865342.pdf>. Acesso em: 1º dez. 2015.

Serviço Brasileiro de Apoio às Micro e Pequenas Empresas (Sebrae-SP). *Indústria de joias – lapidando a imagem da joia brasileira.* São Paulo: Sebrae, 2010.

Marcos, Hashimoto. *Centro de Empreendedorismo no Brasil – 2013.* Serviço Brasileiro de Apoio às Micro e Pequenas Empresas (Sebrae-SP). Disponível em: www.sebraesp.com.br/arquivos_site/biblioteca/guias_cartilhas/ebook_centro_empreendedorismo. Acesso em: 1º dez. 2015.

Serviço Brasileiro de Apoio às Micro e Pequenas Empresas (Sebrae-SP). *Sebrae-SP, 40 anos:* a casa do conhecimento. São Paulo: Museu da Pessoa, 2013. Disponível em: <www.sebraesp.com.br/arquivos_site/biblioteca/guias_cartilhas/sebrae_40anos.pdf>. Acesso em: 1º dez. 2015.

Artigos de websites

Alcântara, Alex Sander. *"Milagre" explicado.* Agência Fapesp, 2009. Disponível em: <http://agencia.fapesp.br/milagre_explicado/10032>. Acesso em: 1º dez. 2015.

BRASIL. Banco Nacional do Desenvolvimento (BNDES). *Anos 70.* Portal do BNDES. Disponível em: <www.bndes.gov.br/SiteBNDES/export/sites/default/bndes_pt/Galerias/Arquivos/conhecimento/livro50anos/Livro_Anos_70.PDF>. Acesso em: 1º dez. 2015.

Garcia, Claudia. *A Época da Feminilidade.* Almanaque Folha de S.Paulo. Disponível em: <http://almanaque.folha.uol.com.br/anos50.htm>. Acesso em: 1º dez. 2015.

GUIMARÃES, Eduardo Augusto. *A indústria automobilística brasileira na década de 80.* Repositório do Instituto de Pesquisas Econômicas da Universidade de São Paulo (IPEA). São Paulo, 1989. Disponível em: <http://ppe.ipea.gov.br/index.php/ppe/article/viewFile/934/872>. Acesso em: 1º dez. 2015.

SINDICATO DOS CONCESSIONÁRIOS E DISTRIBUIDORES DE VEÍCULOS DO ESPÍRITO SANTO. *Lei Renato Ferrari:* a área de atuação no contrato de concessão comercial. Portal Sincodives. Disponível em: <www.sincodives.com.br/conteudo/concessionario/artigos-juridicos/lei_renato_ferrari.pdf>. Acesso em: 1º dez. 2015.

PEDROSA, Julieta. *A história da joalheria.* Portal Joia (artigo da designer Julieta Pedrosa). Disponível em: <www.joiabr.com.br/artigos/hist.html>. Acesso em: 1º dez. 2015.

PIVETTA, Marcos. Dono da Matisse, em SP, diz que pretende se mudar para o interior. *Folha de S.Paulo.* São Paulo, 28 fev. 1997. Disponível em: <www1.folha.uol.com.br/fsp/cotidian/ff280227.htm>. Acesso em: 1º dez. 2015.

Legislações

BRASIL. Lei n. 6.729, de 28 de novembro de 1979. Disponível em: <www.planalto.gov.br/ccivil_03/leis/L6729.htm>. Acesso em: 1º dez. 2015.

Documentos

Associação Comercial de São Paulo. Federação das Associações Comerciais do Estado de São Paulo. Serviço Brasileiro de Apoio às Micro e Pequenas Empresas (Sebrae-SP).

SERVIÇO BRASILEIRO DE APOIO ÀS MICRO E PEQUENAS EMPRESAS (SEBRAE-SP). Relatório de Gestão biênio 2002/2004.

Memórias

Foto: Acervo Pessoal

Momentos da infância de Alencar Burti: na foto à direita, uma rara imagem com sua mãe; na foto abaixo, com a família durante um piquenique

Fotos: Acervo Pessoal

Foto: Acervo Pessoal Eros Grau

Foto: Acervo ACSP

Na foto acima, com Werner Grau, pai do futuro ministro do Supremo Tribunal Federal, Eros Grau

Com Octávio Vallejo, amigo
desde os tempos da Abraforte

Fotos: Acervo Fenabrave

Com Flavio Meneghetti, amigo
e companheiro da Fenabrave

Alencar em frente à primeira
sede da Fenabrave, em São Paulo

Fotos: Acervo Fenabrave

Foto: Acervo Fenabrave

Ao lado da então ministra do Trabalho, Dorothea Werneck, nos anos 1990

Foto: Acervo ACSP

Burti e o Impostômetro, criado durante sua gestão como presidente da Associação Comercial de São Paulo

Foto: Patricia Cruz

Recebimento de medalha durante o 64º aniversário do Sescon-SP e Aescon-SP, ao lado de Rogerio Amato e Sergio Approbato Machado Junior

Foto: Acervo ACSP

Sede da Associação Comercial de São Paulo, na rua Boa Vista, centro de São Paulo

Foto: Acervo ACSP

Burti (de terno marrom) entre os companheiros do Conselho da ACSP, em um encontro regional realizado em São Paulo, em 1998

Foto: Acervo Sebrae-SP

Entrega do 13º Prêmio "Construindo a Nação", promovido pelo Instituto da Cidadania

Foto: Acervo ACSP

Evento da Federação das Associações
Comerciais do Estado de São Paulo (Facesp)

Palestra para os alunos da Escola de Negócios, no evento "Senta que lá vem a história", em 2014

No Salão do Automóvel 2014, com Viviane Senna, presidente do Instituto Ayrton Senna

Burti faz palestra durante um dos eventos da Caravana da Simplificação

Fotos: Acervo Sebrae-SP

Foto: Massao Goto Filho

Com Luiz Carlos Trabuco, CEO do Bradesco, em 2009

Foto: Acervo ACSP

Ao lado de Guilherme Afif Domingos no Feirão do Imposto, no Pátio do Colégio, em 2010

Foto: Patricia Cruz

Reunião no Tribunal de Justiça do Estado de São Paulo, com o desembargador Renato Nalini, em 2014

Foto: Acervo ACSP

Em evento do Rotary Clube de São Paulo

Foto: Acervo Sebrae-SP

Alencar Burti durante visita à Escola de Formação Gerencial do Sebrae, em Minas Gerais

Foto: Alexandre Carvalho

Participando de apresentação na abertura da Beauty Fair 2014

Foto: Calão Jorge

Evento Ampliar, promovido pelo Secovi, em 2014

Foto: Acervo Sebrae-SP

Homenagem de aniversário recebida das crianças da Legião da Boa Vontade (LBV), em 2010

Com a esposa,
Norma Burti, na
Beauty Fair 2014

Com Paulo Skaf,
que o substituiu
na presidência do
Sebrae-SP, em 2015

Fotos: Acervo Sebrae-SP

Homenagem feita pelo Sebrae-SP pelo término da gestão de Burti na presidência da entidade, em 2014